SPIELEN AUF STRASSEN UND PLÄTZEN

Fritz Rohrer u.a.

SPIELEN AUF STRASSEN UND PLÄTZEN

2. Auflage 1982 von Materialheft 29:

SPIELEN AUF STRASSEN UND PLÄTZEN

Die erste Auflage erschien 1980 als Abonnenten-Ausgabe
in der Beratungsstelle für Gestaltung von Gottesdiensten
und anderen Gemeindeveranstaltungen, Frankfurt a.M.

CIP-Kurztitelaufnahme der Deutschen Bibliothek

<u>Spielen auf Straßen und Plätzen</u> / [Gesamtred.:
Beratungsstelle für Gestaltung]. - 2. Aufl. -
Gelnhausen ; Berlin: Burckhardthaus-Laetare Verlag, 1982.
(Für die Praxis)
1. Aufl. verlegt von d. Beratungsstelle für
Gestaltung von Gottesdiensten u. anderen
Gemeindeveranstaltungen, Frankfurt (Main)

   ISBN 3-7664-2032-1

(c) 1982 by Burckhardthaus-Laetare Verlag GmbH.,
    Gelnhausen und Berlin.

Der Verlag ist Mitglied des Verlagsrings Religions-
unterricht (VRU).
Als Manuskript gedruckt. - Alle Rechte, auch die des
auszugsweisen Nachdrucks, der fotomechanischen Wiedergabe
sowie der Übernahme auf Ton- und Bildträger vorbehalten.
Ausgenommen sind fotomechanische Auszüge für den
eigenen wissenschaftlichen Bedarf.

Gesamtredaktion: Beratungsstelle für Gestaltung
Umschlaggestaltung: nach Herbert Becker, Freiburg i. Brsg.
unter Verwendung eines Fotos von Karin Wassenaar, Darmstadt
Einrichtung und Schriftsatz: Gerda Mühlberger, Frankfurt/M.
Druck und Verarbeitung: Karl Trabert, Frankfurt/M.

INHALTSVERZEICHNIS

	Seite
EINFÜHRUNG	7
SPIELE	9
* Einige Platz-, Park- und Straßenspiele	11
* Spiele für Feste bauen	23
* Spielgeräte	33
* Straßenspiele	43
* Selbermachen	49
- Clownsnasen	49
- Kerzen	50
- Papier	53
THEATER	65
* Straßentheater	67
* Clownszenen	71
* Komische Gestalten	73
* Spielideen	75
* Rollende Bühne	83
* Scharaden	85
* Sketsche	89
- Flohzirkus	89
- Mann im D-Zug	90
- Eine Suppengeschichte	91
- Beim Arzt	92
- Komm-Pott	92
- Aufstehen	92
- Der Kragenknopf	93
* Szenen	97
- Die Moritat von der kranken Zeit	97
- Lehrclownerie	104
- Stacheldrahtgärtner	106

	Seite
FESTE	107

* Ich träume ein Sommerfest — 109
* Ein Parkfest — 111
* Ein Straßenfest — 129
* Umzüge — 143
  - Ein unfreiwilliger Festzug — 143
  - Mitfeiern — 145
  - Ideen, die wir hatten, als wir daran dachten, aktiv bei einem Faschingszug dabeizusein — 150
  - Erfahrungen mit dem Bauchladen — 152
  - Was läßt sich bei einem Umzug alles tun? — 158

SPIELUMWELT GESTALTEN — 161

* Ferienspiele — 163
* Hof- und Straßenmalaktion — 167
* Straßenmusikanten — 173
* Der Märchenerzähler — 175
* Zwei Geschichten — 177
  - Eine Schande, Auto zu fahren — 177
  - Das alte Haus — 181
* Spielumwelt erhalten — 183
* Wo ich gespielt habe — 185
* Rollschuhfahren — 187
* Haller Straßenspiele — 189
* Der Markt — 197
  - Flohmarkt — 197
  - Markt der Gaukler im Freien — 200
  - Marktspiele — 203
* Der Kirchenmarkt — 205

HINWEISE — 209

* Anschriften (Genehmigungen, Straßenmusikanten, Fachleute für Spiel und Theater, Theatergruppen) — 209
* Literatur (zum Anregen, Weiterarbeiten und Vertiefen) — 212

EINFÜHRUNG

Das Thema dieses Materialheftes liegt schon seit einigen Jahren auf der Straße. Rechnet man Plätze, Höfe, Passagen und Fußgängerzonen dazu, so ist da etwas Neues zu beobachten:

Menschen scheinen mehr und mehr bereit zu sein, vor die Tür zu gehen, ihre vier Wände zu verlassen. Folgten ihnen die Geschäftsleute, liefen ihnen die Musiker, Maler, Theatermacher hinterher, oder wer produzierte das neue Frischluftbewußtsein?
Eine spannende Frage für einen Spielabend.

Die Straßenfeste blühen, die Straßentheater haben Hochkonjunktur, Straßenmusiker spielen auf, Spielstraßen entstehen, Märkte aller Art feiern Auferstehung.
Ist das eine Reaktion auf die verlorengegangenen Spielräume? Wird für die natürlichen Spielräume künstlich gestalteter Ersatz angeboten? Vielleicht stimmt das für die geplanten Oasen, die werbewirksamen, mit großem Etat ausgestatteten Stadtfeste. Mit Sicherheit treibt die Organisatoren mancher Straßenfeste in Stadtteilen etwas anderes. Sie gehen auf die Straße, um in aller Deutlichkeit auf Mißstände aufmerksam zu machen: Lärmbelästigung, ein geschlossenes Jugendhaus, eine beziehungslose Nachbarschaft. Hier wird mit anderen Mitteln demonstriert. Man regt an, wie es in einer Straße auch anders sein könnte. Das sind die Spiele von unten, der Versuch, mit dem Vorhandenen umzugehen und Spielräume auszuprobieren.

Ich habe nicht versucht, alle bisher entwickelten Spielformen zu dokumentieren. Ich habe das gesammelt oder aufgeschrieben, wovon ich erfuhr; das war sehr zufällig, aber vielleicht kann es ein Anstoß sein.

Sehen Sie einmal nach, wo es bei Ihnen unbenutzte Höfe, Straßen, Vorplätze oder auch die verstopften Straßen gibt. Besetzen Sie diese Flächen für Ihre Feste, bevor sie zugebaut werden, bevor die Straßen nur noch den Autos gehören, weil das zu schützende Leben unter die Straßen verlegt worden ist.

           Fritz Rohrer

SPIELE

EINIGE PLATZ-, PARK- UND STRASSENSPIELE

Handkontakt

Zwei Personen stehen sich gegenüber, sie legen ihre Handflächen aneinander, schließen die Augen und bleiben so einen Augenblick stehen. Dann lösen sie sich voneinander, drehen sich einmal um die eigene Achse und versuchen, die Handflächen des Partners wiederzufinden.

Drücken

Zwei Personen stehen sich gegenüber. Sie breiten ihre Arme aus und legen die Handflächen aneinander. Jeder versucht jetzt, den andern aus der Balance zu bringen oder vom Platz wegzudrücken.

Schwanz fassen

Etwa 8 bis 10 Personen stehen hintereinander und umfassen die Taille des Vordermannes. Der letzte der Reihe steckt sich ein Tuch in den Gürtel. Der Kopf der Schlange muß nun versuchen, den Schwanz (das Tuch) zu erwischen. Gelingt es ihm, wird er Schwanz und der zweite in der Reihe wird zum Kopf.

Wasserrutschen

Ein langes Stück Plastikfolie liegt auf dem Boden. Es wird mit einem Gartenschlauch unter Wasser gesetzt. Wer Lust hat, kann jetzt mit einem Anlauf über die Folie rutschen (Schmierseife verstärkt den Rutscheffekt).

Aufstehen

Zwei Personen sitzen Rücken an Rücken. Sie haken die Arme ein und versuchen, so aufzustehen. Das gleiche kann man mit vier Personen oder noch vielen mehr versuchen.

Verschlingen

Beliebig viele Personen stehen im Kreis. Sie fassen sich locker an den Händen, und alle beginnen, sich in den Kreis hinein zu drehen, ohne den Kontakt zu den Händen der Nachbarn zu verlieren. Ist alles verknotet, soll das Knäuel wieder entwirrt werden.

Gefüllter Luftballon

Luftballons mit Wasser füllen und sie so lange anderen zuwerfen, bis sie platzen.

Such mich

Ein Kreis. In dem Kreis zwei Personen, denen die Augen verbunden werden. Die beiden Blinden haben eine Klapper, z. B. Blechdosen mit kleinen Steinchen. Einer muß versuchen, den anderen zu fangen. Wenn der fangende Blinde klappert, muß der andere sofort antworten. Das aber nicht mehr als fünfmal hintereinander.

Groschengrab

Ein altes Aquariumbecken oder eine Schüssel voll Wasser. Im Wasser liegen einige Groschen und Markstücke.
Aufgabe: die Münzen auf dem Grund mit einem anderen Geldstück zu treffen. Gelingt das, wird der verdoppelte Einsatz zurückgezahlt.

Baumkegeln

Neun Holzklötze als Kegel, in einem Netz ein Ball, der an einem Strick hängt. Der Strick ist am Ast eines Baumes festgemacht.

Ein Suchspiel

Das ist mir in Erinnerung geblieben: Wir waren etwa
80 Leute zwischen 10 und 15 Jahren bei einem Zelt-
lager. Es war Sonntag. Wir bekamen am Nachmittag den
Auftrag, fünf Tafeln Schokolade zu suchen, die eine
Frau bei sich trägt, die in den umliegenden Feldern
und Wäldern spazierengeht. Der Schlüssel zu dieser
Schokolade war der Satz: "Wo haben Sie Ihren süßen
Schatz?"
Und wir fragten alle, die an diesem Nachmittag spa-
zierengingen. Wir ernteten mißbilligende Blicke, aber
auch schallendes Gelächter. Na ja, und irgend jemand
entdeckte irgendwann auch die verkleidete Frau, die
den süßen Schatz, die fünf Tafeln Schokolade, bei
sich trug.

Den Glücksprinzen krönen

Es darf auch eine Prinzessin sein, die gekrönt wird.
Ich habe dieses Spiel in dem Film Molière gesehen, in
dem sehr viel über Spiel auf Straßen und Plätzen zu
sehen ist.
Es war ein bestimmter Tag im Jahr, ich weiß nicht
mehr, welcher. Auf den Straßen gab es Händler, die
einen Kopfschmuck verkauften. Sie zogen mit lauten
Rufen durch die Straßen und priesen ihre Waren an.
In den Häusern saß man zu Tisch. Es gab einen großen
Kuchen. In diesem Kuchen war ein Geldstück eingebak-
ken. Das Verteilen des Kuchens ging so vor sich: Jemand sitzt unter dem Tisch, einer schneidet den Kuchen auf, Stück für Stück. Der unter dem Tisch muß
bei jedem Stück sagen, wer es bekommen soll. Dann
wird gegessen. Wer das Geldstück in seinem Kuchen
findet, wird bejubelt. Ihm wird der Kopfschmuck aufgesetzt, den die Händler vertreiben. Ihm gilt alles
weitere Feiern.

Schminkel

Das ist ein Kasten. In diesem sind:

- dicke Stangenschminke in allen Farben,
- dünne Stangenschminke,
- farbige Holzschminkstifte in schwarz und rot,
- Abschminke,
- einige Töpfchen Rouge,
- eine Schminkpalette,
- eine Dose Clownweiß.

Damit das Ganze nicht durcheinanderrutscht, ist der Kasten durch Pappeinsätze unterteilt. Für das bessere Aussehen und für die Sauberkeit ist er mit Alu-Folie ausgelegt. Abschminktücher sind vor dem Kasten angebracht - eine Packung Kleenex. Als Träger ist ein Stück breiter Stoff an beiden Seiten des Kastens angenagelt. Um den Aufmerksamkeitswert zu erhöhen, wird um den Kasten herum ein Stück Stoff geklebt. Das ist ein Schminkel oder ein stabiles Schminkstudio (vgl. *Materialheft 22: Spielen-Gestalten-Theatermachen*).

Die Botschaft

Von einem LKW-Fahrer wird folgendes berichtet: Wenn er Fahrpause hatte und sein Kollege am Lenkrad saß, fing er manchmal an, aus Briefbogen kleine Zettel zu reißen. Diese Zettel beschrieb er, faltete sie zusammen und warf sie aus dem Fenster. Manchmal wurde einer dieser Zettel gefunden. Da stand dann zum Beispiel: "Warte nicht mehr" oder auf einem anderen Zettel: "Es muß jetzt sein".
Es wird berichtet, daß mancher, erst einmal auf die Zettelspur gesetzt, versuchte, so viele Zettel wie möglich einzusammeln, um dahinterzukommen, was da geschehen sein könnte. Vielleicht hat auch die Polizei die heiße Spur verfolgt - wer weiß!
Der LKW-Fahrer ahnte nichts von den Spielen, die er angestoßen hatte, geschweige etwas von den Fantasien, die der Satz: "Wenn du diesen Zettel findest, werde ich nicht mehr hier sein" auslöste.

Straßenzoll

In Frankfurt ereignet sich zwischen Faschingssonntag und Faschingsdienstag folgendes:
Kostümierte und geschminkte Kinder stehen auf den Straßen. Sie halten Autos an und bitten um Faschingszoll. Am liebsten nehmen sie Geld.
Da läßt sich inzwischen eine ganze Bandbreite von Erweiterungen und Veränderungen dieses ursprünglichen Spiels erkennen:

* Man fragt vorwiegend an Ampeln.
* Man stellt sich direkt auf die Straße.
* Die Kinder rotten sich zu größeren Gruppen zusammen, wobei offensichtlich die größeren Kinder den Schutz der Kleinen übernehmen.
* Sie setzen die Preise fest: "Nicht unter 20 Pfennig, bitte."
* Dem Spender wird ein Bonbon geschenkt.
* Die Straße wird mit einem Seil abgesperrt, und der Spender erhält einen Ausweis: "Dieser Ausweis berechtigt zur freien Durchfahrt aller Faschingszollstationen. Helau!", um nicht wieder angehalten zu werden.
* Radfahrer werden auch angehalten.
* Fußgänger werden angehalten. Begründung der Kinder: "Wir dürfen nicht auf die Straße, da ist es zu gefährlich."

Wir haben als Kinder ebenfalls Zoll erhoben, aber bei einer ganz anderen Gelegenheit. War eine Hochzeit im Dorf und der Zug kam aus der Kirche und zog die Dorfstraße hinunter, sperrten Kinder und Jugendliche mit einem Seil die Straße. Der Weg wurde erst wieder freigegeben, wenn der Bräutigam tief in die Tasche griff und Geldmünzen zwischen uns warf, um die wir uns dann prügelten.

Feuerspucken

Was man dazu braucht:
- eine Flasche mit Leitungswasser (zum Üben und Löschen),
- eine Flasche mit Duftpetroleum (gibt es in der Drogerie oder im Kaufhaus für 5,00 DM),
- Streichhölzer oder Feuerzeug,
- einen Holzstab, ca. 30 cm lang,
- Watte.

Vorbereitung:
Als erstes bastelt ihr euch eine Fackel. Den Holzstab schneidet ihr so ein, daß der Anfang gespalten ist (etwa 5 cm tief), dann nehmt ihr ein großes Stück Watte und klemmt es mit dem Messer zwischen das Holz und laßt die Enden der Watte rausgucken. Die Enden drumwickeln und sicher sein, daß der Wattebausch sich nicht löst. Einige Tropfen Petroleum auf die Watte, damit sie länger brennt.

Üben:
Nehmt ein Schluck Wasser und pustet es so, als ob ihr Trompete spielen würdet. Wenn ihr es richtig macht, dann entsteht ein richtiger Sprühregen. Wenn ihr hier perfekt seid, dann könnt ihr die Fackel anzünden und das Petroleum genau wie vorher das Wasser in den Mund nehmen und in die Fackel spucken. Die Fackel haltet ihr mit gestrecktem Arm von euch weg. Wenn ihr richtig spuckt, dann entsteht - je nach Petroleummenge - eine größere oder kleinere Flamme. Das Petroleum sofort wieder ausspucken, denn es ist nicht sehr appetitlich, aber nicht giftig. Ihr müßt immer mit dem Wind spucken, denn sonst schlägt die Flamme zurück in euer Gesicht. Die Fackel kann nur wieder benutzt werden, wenn ihr darauf achtet, daß das Holz nicht verkohlt. Viel Spaß!
(Judith Rohrer)

(Nebenstehendes Bild zeigt das Feuerspucken beim Weihnachtsspiel "Eine seltsame Geburt")

SPIELE FÜR FESTE BAUEN

Es gibt eine Vielzahl von Spielen zu kaufen, leider sind die meisten für die Kleinfamilie konstruiert. Bei Festen, Märkten, Straßen- und Parkaktionen lassen sie sich kaum brauchen. Sie sind zu klein, zu wenig stabil, ohne Mitspieler nicht spielbar, und man muß Spielregeln kennen.
Die Spiele auf dem Rummelplatz brauchen all das nicht. Zum Beispiel der "Hau-den-Lukas" steht da, und wer seine Kräfte messen will, schwingt den Hammer.

Und noch eine andere Überlegung stand dahinter, als ich ausprobierte, Spiele zu bauen. In den letzten Jahren sind die Leistungsspiele, die Wettbewerbsspiele mit Recht angefragt worden. Es wurden andere Spielformen entwickelt, die aber bisher noch nicht in Spielgeräte umgesetzt worden sind. Mich reizte, das einmal zu probieren. Ich hatte Ideen im Kopf, aber ich wußte nicht, wie ich sie auf die Beine stellen sollte.

In vielen Übungen und Gruppenspielen nimmt das Tasten, die Erfahrung mit den Fingerspitzen, eine besondere Rolle ein. Es geht darum, den Tastsinn zu entfalten. In dieser Richtung wollte ich ein Spiel bauen.

Tastschubladen

Ich suchte in altem Material und fand leere Schubladen, die nicht mehr gebraucht wurden. In diese Schubladen klebte ich Dinge, die sich gut betasten ließen. In jede Schublade ein Sortiment in Kontrasten.

1. Schublade: Strick, Dachpappe, Styropor, Glas, Eisen.
2. Schublade: Ring, Wasserhahn, Lichtschalter, Sicherungsfassung.
3. Schublade: Nudeln, Bohnen, Erbsen, Nüsse, Reis.
4. Schublade: Schaumstoff, unter den unterschiedlich große Holzklötze gelegt wurden.
5. Schublade: Borsten, ein alter Besen, Bürste usw.

Über jede Schublade wurde Stoff gebreitet und an einer Stelle befestigt. Dadurch wurde der Inhalt verdeckt. Die Hände sollten unter dem Tuch die Gegenstände erfahren, und die Augen sollten sich ausruhen. Schon beim Bau der Geräte waren Kinder gekommen, hatten zugeschaut und mitgearbeitet. Sie probierten jedes fertige Spiel sofort aus.

Spielmöglichkeiten:
- Nur eine Schublade zugedeckt aufstellen. Mit einer Hand unter den Abdeckstoff fahren und tasten.
- Mehrere Schubladen abgedeckt aufstellen.
- Eine durchdachte Reihenfolge der Schubladen herstellen, z. B. die Nummern 4, 1, 3, 5, 2.
- Eine Taststrecke aufbauen. Den Abdeckstoff zurückschlagen und den Tastern die Augen verbinden. (Wahrscheinlich sind Stoffkapuzen besser als Augenbinden. Sie lassen sich schneller überstülpen, geben mehr Bewegungsfreiheit und sehen spaßiger aus. Diese Kapuzen sollten aber lang genug sein, damit der Blick nach unten versperrt ist.)
- Eine Taststrecke aufbauen. Die Schubladen aufgedeckt hinstellen und durch ein großes Tuch abblenden. (Das war beim Ausprobieren schwierig. Der Stoff wird durch die Armbewegung hochgezogen. Entweder muß man Hemden- oder Jackenärmel an das Tuch nähen, durch die man durchgreift, oder Stoffschläuche.)

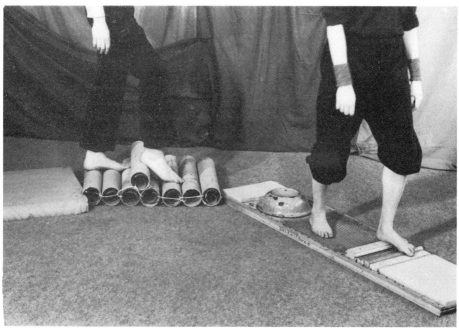

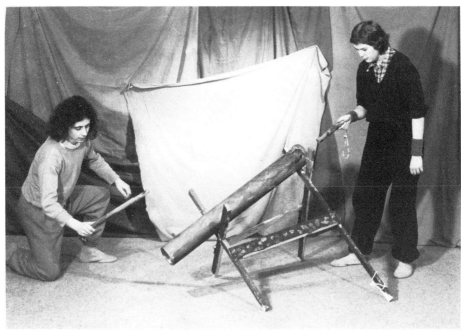

Ein Geh-Parcours

Was für die Fingerspitzen gut ist, kann den Füßen auch nichts schaden, dachten wir und taten etwas für die Füße.

Grundüberlegung:
Die Fußsohlen sollen unterschiedliche Bodenerfahrungen machen. Über Sand laufen ist etwas anderes, als über Beton tappen oder über ein Stoppelfeld schleichen. Was natürlich vorhanden ist, läßt sich auch künstlich herstellen, um Erfahrungen an einem Punkt machen zu können.

Der Parcours hatte schließlich folgende Teile:
1. Papprollen. Eine lange, dicke Papprolle, auf der einmal ein Teppich aufgewickelt war, wurde in 60 cm Abschnitte zersägt. Diese Abschnitte wurden mit einem Strick verbunden.
2. eine alte Schaumstoffmatratze;
3. ein Lattenrost aus Holz;
4. ein Vielfaltbrett, so nannten wir es, denn auf eine Holzunterlage waren montiert: Maschendraht, eine Blechschüssel, Rundhölzer und Schaumstoff.

Spielmöglichkeiten:
- Die einzelnen Teile im Abstand von einem Meter auslegen. Mit geschlossenen Augen, entweder barfuß oder in Strümpfen, darübergehen.
  (Jeder, der mit geschlossenen Augen darüberging, wollte das gleiche nochmals mit offenen Augen probieren. Wer sich am Anfang mit geschlossenen Augen nicht traute und es mit offenen Augen probierte, versuchte es beim zweiten Mal mit geschlossenen Augen. Getestete Reihenfolge Nr. 5, 4, 3, 2, 1.)
- Ein Leitseil spannen, an dem man sich beim Gehen mit geschlossenen Augen oder verbundenen Augen festhalten kann und so den Weg findet.
- Auf allen Vieren über den Geh-Parcours tasten.

Zielkopf

Grundüberlegung:
Werfen, ein Ziel treffen, geschickt sein, Erfolg haben. Wir meinen, es sollte eine Auswahl von Schwierigkeitsgraden geben. Wer nicht das Schwierige schafft, sollte das Einfache schaffen können.

Bau:
Maschendraht wird geformt, erst zu einem Zylinder, an dem dann Lippen, Nase, Ohren, Augen, Wülste, auch aus Draht, geformt, angebracht werden. Das Ganze wird mit Agoplast überzogen *(vgl. Materialheft 22)*. Das Innere wird mit weißem Nessel ausgekleidet, das Äußere mit Grundierfarbe vorgestrichen und mit Plakafarbe angemalt. Der Kopf wird auf ein Brett gesetzt, das in der Größe des Halsdurchmessers ausgeschnitten ist.

Aufbau:
- Vier Pfähle in den Boden schlagen, das Brett auf den Pfählen festnageln oder schrauben. Die Höhe der Pfähle ergibt sich aus der Größe der Werfer.
- Im Raum das Auflagebrett auf einen umgedrehten Hokker setzen oder den Kopf auf einen Tisch stellen (dann bleiben aber die Bälle im Kopf liegen, und man muß sie da herausholen).

Spielmöglichkeiten:
- Es gibt vier Zielmöglichkeiten - Mund, Augen, Kopf (da gibt es auch ein Loch).
- Auch die Ohren können als Ziel einbezogen werden.
- Als Bälle lassen sich alte Socken, die mit Sägemehl gefüllt sind, verwenden.
- Ziellinien je nach Größe und Alter der Werfer verändern.

Schlag zu

Ich sah dieses Spiel zum ersten Mal bei einem Gemeindefest in Cornwall. Es gab nur dieses Spiel, ein Losspiel, Getränke und etwas zu essen. Aber die Menschen drängten sich bei diesem Fest am Meer in Scharen.

Bau:
- Ein Plastikrohr, wie es in jeder Baumaterialienhandlung zu haben ist.
- Ein Bock, auf den dieses Rohr gelegt werden kann. Es soll schräg liegen.
- Ein schweres Stück Rundholz mit einem Stück Strick am Ende. Ein Stock zum Zuschlagen.

Spielablauf:
Einer läßt das kurze Stück Holz durch das Rohr rutschen, der andere muß zuschlagen und das Holz treffen, bevor es auf den Boden fällt. Das ist gar nicht so einfach.
Ich lernte das Stück Holz als Mäuschen kennen. Eine aus Holz geschnitzte Maus mit einem Schwanz. Die Maus ist schon im Rohr und wird nur noch am Schwanz gehalten, bevor sie losgelassen wird und durch das Rohr springt. Am anderen Ende sitzt die Katze und will die Maus fangen.

Tastsack

Eigentlich entstand die Idee dazu, nachdem wir mit dem Abblenden der Tastschubladen nicht so recht zu Rande gekommen waren *(vgl. S. 24)*. Vielleicht lag es auch daran, daß ein alter Bettbezug herumlag. Auf jeden Fall taten wir allerlei Gegenstände hinein und tasteten sie ab. Man müßte reinfassen können. Wir probierten es durch. Durch die Öffnung im Bettbezug tasten! Da drängten sich dann alle; man mußte wieder die Augen schließen, da war nichts. Löcher müßte man in den Stoff schneiden, aber da sieht man ja dann rein. Da gab es eine Menge alter Hemden und Jakken. Die hatten Ärmel; man konnte doch die Ärmel abschneiden und vor die eingeschnittenen Löcher im Tastsack nähen. Das wurde gemacht. Sechs Löcher und davor die Ärmel genäht. Gegenstände wurden in den Sack gepackt, Hände fuhren durch die Ärmel in den Sack und ertasteten Gegenstände und Hände. Das machte vielleicht Spaß!

Spielmöglichkeiten:
- Der Tastsack liegt am Boden und ist mit Gegenständen gefüllt.
- Es gibt zwei Gruppen. Solche, die erst Gegenstände für den Tastsack suchen und ihn füllen, und solche, die tasten. Die Gruppen wechseln.
- Der Tastsack wird an einem Seil oder an der Decke aufgehängt.

Pendel

Da waren drei Latten, die wurden zusammengebunden – ein Dreibock. An einer Schnur ein Stück Stoff mit Kordel umwickelt, ein Stoffball. Die Schnur an dem Dreibock befestigt.

Spielmöglichkeiten:
- Das Pendel in der Mitte treffen und es in Schwingungen versetzen.
- Mehrere Spieler werfen ihre Bälle auf das Pendel – nacheinander oder auch gleichzeitig.
- Mehrere Spieler. Zu wem hin das Pendel ausschlägt, der hat noch einen Wurf oder darf sich etwas wünschen.

SPIELGERÄTE

Luftkissen

Sie sind inzwischen bekannt geworden - die Luftkissen, Luftschläuche, Wasserbetten der "künstlerischen Arbeitsgruppe Bubble Plast". Schon mehr als zehn Jahre ist es her, daß diese luftgefüllten Riesenkissen bei Kinderfesten, Parkvergnügen und 1973 dann beim Düsseldorfer Kirchentag zum ersten Mal auftauchten. Inzwischen ist das Sortiment dieser Firma gewachsen. Vom Handschmeichler für 3,50 DM bis zum Wasserteppich für 15 700 DM ist alles zu haben. Ein Luftkissen 10 m lang, 10 m breit und 4 m hoch kostet - ohne Zubehör - 6 000 DM.

Manche Gruppen haben es sich angeschafft und verleihen es auch gegen eine entsprechende Gebühr. Sich auf solch einem Luftkissen zu bewegen, macht Spaß, ist aber auch für kleinere Kinder nicht ungefährlich. Es läßt sich herrlich toben, allerdings wird viel Platz für dieses Luftkissen gebraucht. Nach Möglichkeit sollte solch ein Luftkissen die einzige Attraktion sein, denn es duldet kaum andere Aktivitäten neben sich, so stark ist sein Reiz.

Aber vielleicht läßt sich das Bedürfnis von Kindern zu toben auch anders abfangen? Wie wär's mit ein paar alten Matratzen oder einigen alten Sofas?

(Anschrift: Bubble Plast, Alter Pfarrhof, Peterskirchen, D-8221 Tacherting II, Tel. 08622/743)

Erdball

Einen Riesenball, der es aufgeblasen bis zu einem Durchmesser von 2 m bringt und 12 kg wiegt, hat die Firma TOGU entwickelt; er kostet 380,00 DM ab Werk plus Verpackung. Soll aus diesem Ball ein Globus werden, muß man 80,00 DM für die aufgespritzten Erdteile und Pole zulegen.
(Anschrift: TOGU Spiel- und Sportbälle, Gebr. Obermeier OHG, Ludwigstr. 99, 8210 Trien-Bachhan, Obb.)

Erinnerungsfotos

Zu jedem Fest gehört auch die ins Bild gebrachte Erinnerung.
Bevor das Fotografieren entwickelt war, geschah das durch den Scherenschnitt oder durch den Schnellzeichner. Heute macht das die schnelle Kamera möglich. Am Schießstand beim Treffer ins Schwarze werden Blitzlicht und Kamera ausgelöst, und der Schütze kann sein Bild sofort mitnehmen. Aber man kann sich auch noch, je nach Jahreszeit, mit dem Weihnachtsmann und seinem Esel oder dem Osterhasen fotografieren lassen. Wer Spaß am Verkleiden hat, wird in historische Gewänder aus dem Kostümverleih gewickelt und kann als Napoleon stramm stehen.

Sehr viel Spaß macht schon immer die Kombination von gemaltem Bild und realer Person. Da gibt es Radfahrer, Sennerinnen, Seeräuber, Vergnügungsdampfer und Nixen auf Leinwand, Holz oder Pappe gemalt, denen man seinen Kopf, seine Beine oder seine Arme zur Verfügung stellt.
An solche Bilder erinnerte ich mich, als ich Tom Röder bat, doch mal was für solche Zwecke zu entwerfen - so als Anregung.

Modell einer Bildwand aus dreiwelliger Pappe

Herstellen der Bildwand:
Die abgebildeten Vorlagen müssen auf eine Höhe von
etwa 1,80 m vergrößert werden. Wie das geschehen
kann, beschreibt Friedrich K. Barth in Materialheft
21, Grafische Werkstatt:

Technisch gibt es mehrere Möglichkeiten:
* mit dem Dia über einen Diaprojektor;
* mit dem Epidiaskop von Vorlagen;
* mit dem Episkop (einer einfachen und billigen
  Variante des Epidiaskops);
* im Fotolabor.

Alle vier Möglichkeiten kommen in Betracht, wobei mit
dem Epidiaskop ein bißchen umständlich zu arbeiten
ist und die Anfertigung eines Großfotos leider noch
teuer. Am einfachsten arbeitet man mit dem Diaprojektor oder mit dem Episkop. Die Arbeitsweisen sind
fast die gleichen, der Unterschied liegt in den Vorlagen: einmal Dia, einmal Original.
An eine Wand wird ein großes Stück Zeichenkarton geheftet. In der durch die gewünschte Größe der Projektion zu bestimmenden Distanz dazu wird der Projektor oder das Episkop aufgebaut. Der Raum wird
verdunkelt, und die Vorlage wird auf die Fläche projiziert. Mit breiten Filzstiften wird dann das Bild
in seinen wesentlichen Konturen auf die Fläche übertragen. Ist das geschehen, nimmt man das große Bild
von der Wand ab und malt es gegebenenfalls mit
Plaka-Farben auf dem Boden aus. Die Technik ist
denkbar einfach.

An Stelle des Zeichenkartons nimmt man hier gleich
das Material, das als Bildwand dienen soll, z. B.

- Pappe. Am besten ist dreiwellige Pappe, die bei
  Verpackungsfirmen in großen Platten zu kaufen ist
  und sich mit dem Teppichmesser schneiden läßt.
- Sperrholz, etwa 6 mm stark.

Nun zeichnet man die Vorlage darauf ab. Soll die
Bildwand stehen (sie läßt sich auch aufhängen),
siehe Abbildung "Oberkellner".

Mit den Bildvorlagen spielen:
Diese Vorlagen sind Anregungen und können in jeder beliebigen Weise verändert werden. Hier einige Ideen:

- Die angeregten Motive lassen sich farbig gestalten.
- Beim Denkmal lassen sich Texte auf den Sockel schreiben oder auswechselbare Namensschilder auf den dafür vorgesehenen Flächen anbringen.
- Der Tango erhöht mit Sicherheit seine Wirkung, wenn dort, wo das Männergesicht erwartet wird, ein Frauenantlitz auftaucht.
- Beim Affen hinter Gittern besteht die Möglichkeit, auswechselbare Texte an den Käfig zu hängen.
- Auch der Oberkellner läßt sich verändern. Man nimmt ihm den gezeichneten Kopf ab und läßt dafür andere ihren hinhalten.
- Für ein Gruselkabinett könnte auch ein Kopf auf dem Teller liegen.

Fotografieren:
Wichtig ist, daß die Fotos sofort mitgenommen werden können. Eine billige Polaroid-Kamera macht das möglich. Inzwischen gibt es manchen, der eine besitzt, allerdings sind die Fotos teuer. Aber vielleicht gibt es auch Fotoamateure, die an Ort und Stelle die Bilder entwickeln.
Die Fotografen sollten versuchen, sich auch in eine Rolle hineinzubegeben, z. B. als Fotograf aus der Vergangenheit, fliegender Reporter oder Mann mit der Wunderkamera.

STRASSENSPIELE

Sie lieben die Gefahr wie ihr Leben, sagen sie, und geben sich alle Mühe, nicht umzukommen darin. Daß Gefahr besteht, wissen alle. Ich habe keine Straßenspieler ohne Opfer in ihrer Bekanntschaft gefunden. "Lieber kurz und lustig leben als gar nicht", sagt Sabine, die Ampeldrückerin: "Du drückst auf den Knopf hier. Wenn dann das Licht für die Fußgänger wieder rot ist, dann mußt du auf die Autos aufpassen. Wenn die dann starten, rennst du los. Das ist alles. Also, ich laß die jetzt halten. Machst du mit? ..." Sie läßt halten.
"Du wirst alt, Jonny, - merkst du das eigentlich?" spottet Bernd, der mit Sabine und Till inzwischen von der anderen Straßenseite herübergrinst. Ich gehe sicherheitshalber bei Grün.
"Wer hat denn jetzt das Ampelspiel gewonnen", frage ich.
"Wir, das siehst du doch."
"Und gegen wen habt ihr gewonnen?"
"Ou Mann - bist du doof?! Hast du den Dickwanst mit seiner Bombe geseh'n? Der wär ja bald durchgedreht mit seiner Hupe. - Aber erwischt hat uns keiner!"
Damit meinen sie die Autos, die Polizei und andere Aufseher.
Gegner brauchen die Straßenspieler nicht zu suchen. Die sind schon da. Sie gewinnen gemeinsam und verlieren einsam, wenn es einen erwischt. "Mitgegangen, mitgefangen!" heißt doch nur, daß sie sich nicht mitfangen lassen dürfen: Rette sich, wer kann! Spätestens zu Hause, wenn die elterliche Gewalt einsetzt, wären sie allein. Allein machen sie dich ein. Und wer Ausgehverbot hat, kann auch nicht gemeinsam stark

sein. Die Solidarität der Erwischten heißt Schweigen.
Die der Davongekommenen heißt Spuren verwischen, Revier sichern. "Denn das Leben geht weiter", sagen
sie. Auf der Straße wäre es für sie nicht möglich,
wenn sie nur machen würden, was erlaubt ist. Außer
Verkehrsregeln einhalten ist nichts erlaubt. Also
werden sie, als Störer verfolgt, zu Flüchtlingen. -
Manchmal verfolgen sie sich auch selbst. Es kommt zu
komplizierten Straßenkämpfen zwischen rivalisierenden Banden. Die erwachsenen Aufseher sehen davon
selten etwas, sagen Bernd, Sabine und Till. Sie
selbst gehören zu den "Burglern", die ihr Revier um
den Burgberg abgesteckt haben. Die Straßen und die
Gänge darunter kennen sie besser als den Inhalt ihrer
Taschen. Wenn die "Uhlandsträßler" hier eindringen,
"dann kriegen sie halt die Fresse vollgehaun - was
will man machen?" Wo eine feindliche Umgebung zu
mächtig wird, wenden sich die Ohnmächtigen oft gegen
ihresgleichen. In den Stadtregionen, in denen dichtgedrängt vor allem Arbeiter- und Ausländerkinder
wohnen, wo viel auf der Straße gespielt wird, wo es
wenig Grün gibt, wo die Luft stinkt, viele Autos
fahren und die Wohnungen eng sind, da ist das oft
der Fall.
In den Villenvierteln mit den großen Zimmern, Gärten,
Bäumen und Straßen gibt es selten Straßenspiele von
Kindern. Da wären sie ungefährlich, aber da gibt es
kaum Kinder.
"Würdet ihr nicht lieber im Wald spielen als auf dieser Straße?" frage ich die Kinder.
"Klar, bring einen her!" ist ihre Antwort, die mich
schnell beruhigt. Vom "Säuglingsstall" mit dem Hundeklo und dem Aushängeschild "Aktiv-Spielplatz", auf
dem ein "Nachtwächter von der Fürsorge" alle betreuen will, halten sie wenig, obwohl eine Bürgerinitiative diesen Spielplatz für die Kinder erkämpft hat.
Oder für wen?
"Denkst du, wir wollen nachmittags auch noch in die
Schule gehn? Der meckert doch nur rum." Sie erzählen
mir, daß sie früher, als der Platz noch keine Anlage
war, dort immer Fußball gespielt haben. Jetzt ist

das verboten. Außerdem haben Ulrike und Peter Platzverbot, "weil sie da Liebespaar gespielt haben". Das soll "jugendgefährdend" gewesen sein.

"Kennst du eigentlich die 10 Verbote?
Nummer eins: Ausgehverbot
Nummer zwei: Platzverbot
Nummer drei: Hausverbot
Nummer vier: Rauchverbot
Nummer fünf: Knutschverbot
Nummer sechs: Ballverbot
Nummer sieben: Fahrverbot
Nummer acht: Lachverbot
Nummer neun: Schnaufverbot
Nummer zehn: Polizeiaufgebot
Echt wahr, du - da legst dich nieder
und stehst nimmer auf!"

Straßenspieler, das sind wir eigentlich alle, die wir da draußen rumlaufen, sitzen oder fahren. Die Modevorführungen und andere Demonstrationen, Rumsitzen in Straßencafés mit Schaufenster- und Leuteangucken oder Anmachen, vielleicht noch ein Schnellstart bei Grün, daß es nur so kracht. Eine endlose Show mit einem langweiligen Programm, bei dem viel zu viele keine vernünftige Rolle spielen dürfen und so oder so einfach überfahren werden. Aber wir krabbeln weiter bis zum Programm- oder Ladenschluß, sofern wir noch Geld haben. Schon selten, daß mal Straßenfeste, Straßenmusiker oder Theaterleute, Demonstranten, Fußballfans oder eben Kinder die Szene verändern und aus dem Rahmen fallen, der sie umschließt. Der nächste Urlaub mit "südlichem Straßenleben" kommt bestimmt für diejenigen, die sich darüber aufregen.
Auch Fasching steht auf dem Programm.
Den Kindern, von denen hier die Rede ist, fehlt das Geld und das Recht, sich aus dem Rahmen, den der Normalfall des Alltags darstellt, freizukaufen: "Ohne Moos nix los!" Ihr Rahmen, aus dem sie sich fallenlassen müssen, wenn sie leben wollen, hängt in einer Ecke des großen Rahmens. Kindheit oder Kinderwelt

heißt dieses Getto. Es wird ausgebaut von Leuten, die ihr "Herz für Kinder" an die Heckscheibe des Wagens geklebt haben, mit dessen Frontseite sie die noch lebenden Kinder bedrohen - außerhalb dieser Kinderwelt, im Todernst des Straßenlebens.
Es gibt immer noch die alten Spiele, wie Seilhüpfen, Reiterkämpfe, Pflasterhüpfen, Gummitwist, Landabschneiden, viele Geschicklichkeits-, Zauber-, und Ballspiele, Verstecken, Schnitzeljagd, Streifzüge durch die Umgebung, Klingelsturm, Geld wegziehen, Leute ausfragen, Straßenkämpfe, Spottlieder dichten, alles Mögliche bauen und montieren, Spiele mit und ohne Regeln in Gruppen oder auch allein. Aber die Formen verändern sich mit dem Straßenleben und den Problemen der Straßenspieler. Selten gibt es noch Mal- oder Sitzspiele und Seifenkistenrennen auf der Straße. Dazu fahren zu viele Hindernisse herum. Die werden jetzt selbst in die Spiele einbezogen. Von Brücken auf Autodächer spucken, Slalom mit dem Fahrrad um parkende Autos fahren, Ampelspiele, Mercedessterne pflücken, in Schrottautos spielen und montieren, Automarken nach dem Geräusch erraten, oder Fahrradwettfahrten neben den Autos sind einige Beispiele. Oder sie spielen in Baustellen, mit Feuer, hören Kassettenmusik oder den Polizeifunk, langweilen sich gemeinsam, rauchen, schmusen, tauschen Bilder, Hefte, Klamotten, rivalisieren um Anerkennung und suchen Zuneigung. Auch das erscheint oft als Spiel.
Von Kindern und Narren zum Beispiel wird behauptet, daß sie die Wahrheit sagen und den Straßenverkehr gefährden. Oder er sie. Wenn ersteres stimmt, können wir versuchen, diese Wahrheiten zu verstehen, sie nicht nur interpretieren, sondern von ihnen lernen.

(Johannes Beck in: Kinderalltag, Ästhetik und Kommunikation Nr. 38, Dezember 79)

SELBERMACHEN

CLOWNSNASEN

Das geht ganz einfach. Man nehme einen Tischtennisball. Mit einem spitzen Messer schneide man ein Viertel des Balles ab. Die scharfen Ränder des Dreiviertelballs werden mit Tesa abgedeckt und dadurch gepolstert. Hutgummi wird durch zwei am Rand gebohrte Löcher gezogen und verknotet (bitte vorher Kopfgröße feststellen). Den Dreiviertel-Tischtennisball mit roter Plaka-Farbe anmalen, und fertig ist die Clownsnase.

KERZEN

1) Gießen

Diese Anregung zum Kerzengießen habe ich mal auf einem Markt mitbekommen, als ich Kerzenwachs kaufte. Leider steht keine Anschrift auf dem Zettel. Herzlichen Dank dem, der ihn geschrieben und gezeichnet hat.

Kerzengießen:

Zubehör:

Alter Topf oder Dose zum Wachsschmelzen

Gläser, Dosen, usw., je nach gewünschter Kerzenform

1 Wäscheklammer zum Docht halten

In die Form den Docht hängen und mit der Klammer befestigen (siehe Zeichnung).

Jetzt das flüssige Wachs eingießen. Jede Schicht erst auskühlen lassen, da sich sonst die Farben vermischen.

Am besten mit einer Schraube beschweren.

Viel Spaß mit den selbstgemachten Kerzen!

Zubehör: Aluminiumfolie, Stricknadel, Schüssel mit Wasser

Das Wachs wird in Alufolie gewickelt und auf die Heizung gelegt (ca. 1/2-1 Std.) Der Docht wird in geschmolzenes Wachs getaucht. Ist das Wachs gleichmäßig knetfähig, kann der Spaß beginnen.

NICHT ZU LANGE...... & NICHT ZU KURZ..... DOCHT EINWACHSEN

Knettips:

Gearbeitet wird am besten, bei normaler Zimmertemperatur, damit das Wachs nicht zu schnell abkühlt.

Z.B. Wachs einrollen, Docht miteinrollen Äpfel und Birnen kneten, oder Zöpfe flechten (siehe Zeichnung). Der Fantasie sind keine Grenzen gesetzt.

Gerollte Kerze

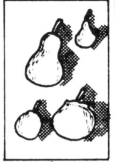
Obstformen

Flechten

Ist eine Kerze geformt, so wird sie mit einer Stricknadel in der Mitte durchstochen. Den gewachsten Docht durchziehen und anschließend in kaltes Wasser zum Abkühlen.

Durchstechen... Docht rein & feststopfen
So doch nicht! Mit Kerzen geht man vorsichtig um!

PAPIER

Wir haben es selbst ausprobiert. Reiner hat alles
über das Papierherstellen gelesen. Er hat dann einen
Rahmen gebaut, ihn mit Fliegendraht bespannt und Unmengen Zeitungspapier herangeschleppt. Die Melkkammer
im leerstehenden Gutshof in Hohensolms wurde zur Papierwerkstatt. Wir Teilnehmer der Pädagogischen Werkstatt 1979 haben alle Papier geschöpft. Überall lag
oder hing geschöpftes Papier zum Trocknen herum.
Große Fertigkeiten in der Papierherstellung hat ein
achtjähriger Junge entwickelt. Er vermittelte seine
Kenntnisse an alle seine Freunde weiter.
Papierschöpfen macht Spaß und ist sehr einfach. Es
gibt Einsicht in die Wiederverwertbarkeit von Wegwerfmaterial, und es entstehen Papiere für die unterschiedlichsten Verwendungszwecke. Eine Anleitung nach
eigenen Versuchen zusammengestellt, die es jedem ermöglichen, sie auszuführen:

Zur Herstellung der *Schöpfform,* die aus zwei Teilen
besteht, benötigen wir Vierkantholz (1,5 cm bis 2 cm
mal 2 cm), möglichst Kiefernholz, sowie ein Drahtgeflecht in der Art wie Fliegengitter aus Messingdraht
oder verzinntem Draht. Zuerst machen wir den unteren
Teil, den

Rahmen. Denken wir daran, daß wir Blätter in Normalformat machen wollen. Da muß die Blattgröße gleich
sein wie die innere lichte Breite des Rahmens. Die
Ecken brauchen nicht verzinkt, können mit Messingschrauben verbunden sein.

Bespannen des Rahmens. Beim Kauf des Drahtgeflechtes
(10 - 20 Maschen) können wir die Größe gleich zuschneiden lassen. Achten wir darauf, daß wir das Geflecht mit kurzen Flachkopfstiften zu befestigen haben. Zu diesem nun bespannten Rahmen gehört der

Deckel in der gleichen Größe, nur muß er nicht so
hoch sein wie der Rahmen, etwa halbe Höhe. Wir können
aber auch eine überhängende Leiste verwenden, deren

Ecken mit der Gehrung zusammengefügt sind. Ist der Deckel gemacht, so sind bei den Ecken aus dünnerem Holz oder Blech Teile zu befestigen, die über den Rahmen hinunter reichen, so daß Ober- und Unterteil fest aufeinander liegen.

Rohstoff wie alte Zeitungen und sonstigen Abfall weichen wir 24 Stunden in Wasser ein. Zum *Zerfasern* benötigen wir einen Mixer mit feststehendem Sockel, einen Handmixer oder ähnliches, füllen das Gefäß zu 1/2 bis 3/4 voll Wasser, geben etwas Papier hinein und lassen ca. drei bis fünf Minuten den Motor laufen. Zur Not kann das eingeweichte Papier auf einem Reibeisen zerrieben werden; aber der Papierbrei wird nicht gleichmäßig. Die mit Wasser aufgelösten Fasern schütten wir in ein Becken.

Schöpfvorgang, Eintauchen. In die vorbereitete Papiermasse, die noch mit Wasser verdünnt wird - je nachdem, ob wir ein dickeres oder dünneres Papier machen wollen - tauchen wir nun die ganze Schöpfform, wobei die Seite mit dem Deckel so in die Hände zu nehmen ist, daß der Deckel oben ist.

Herausnehmen, Abheben des Deckels. Wir heben nun die Form heraus, lassen das Wasser etwas abtropfen, heben den Deckel ab und tun ihn wieder ins Gefäß zurück. Der Deckel gibt dem Papierblatt den richtigen Rand.

Gautschen. Nun drücken wir das geschöpfte Blatt auf ein feuchtes Filzstück ab, das größer sein muß als die Schöpfform, was in der Fachsprache gautschen genannt wird. Haben wir keinen Filz, genügt auch ein Löschblatt. Durch Übung finden wir bald heraus, wie lange wir das Wasser ablaufen lassen. Warten wir zu lange, so löst sich das Blatt nicht vom Geflecht ab. In diesem Fall lassen wir die Schöpfform ruhig auf der Unterlage und gießen Wasser auf die Unterseite, was bewirkt, daß sich nun das Blatt beim Abheben des Rahmens löst. Dann legen wir den Rahmen in das Bekken zurück. Wir haben nun das geschöpfte Blatt vor uns liegen mit der Siebseite gegen uns. Auf das frischgeschöpfte Blatt legen wir ein Stück alten Leinenstoff, darüber eine gefaltete Zeitung.

Trocknen. Wir können nun das Tuch mit dem Papier an einer Wäscheleine zum Trocknen aufhängen. Die dazwischengelegte Zeitung hat sich mit viel Wasser vollgesogen; wir legen sie beiseite. Hat man keine Leinentücher, kann statt deren ein Löschblatt verwendet werden. Das nun auf dem zweiten Löschblatt klebende Papier legen wir nun flach auf ein Brett oder Gesims und lassen es so trocknen.

Glätten, Bügeleisen. Wie die Hausfrau bei der Wäsche diese in einem noch angefeuchteten Zustand bügelt, so ist es für das Papier gleich. Die Oberfläche des Papiers wird durch Bügeln glatter, wenn das Papier nicht ganz trocken ist.

(Ausprobiert und zusammengestellt von Adolf Fluri, Bern)

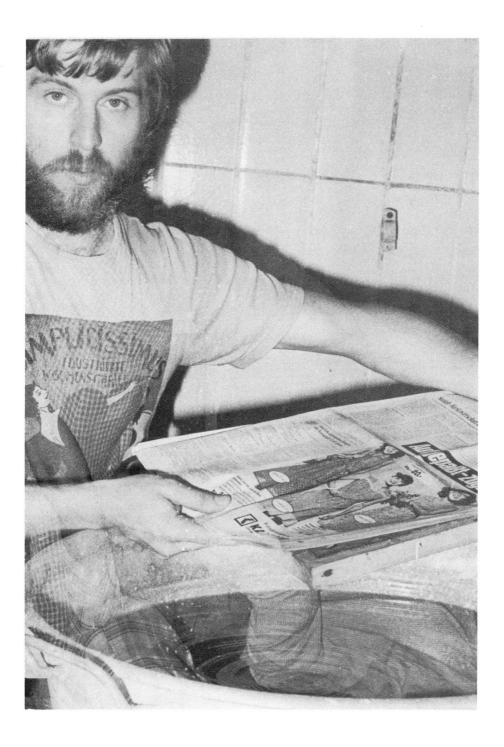

THEATER

STRASSENTHEATER

Straßentheater

- ist der Sammelbegriff für spielerische, politische Aktionen spontaner oder regelmäßig arbeitender (Theater-)Gruppen im Freien;
- ist didaktisch, lehrend, Zielgruppentheater;
- versucht, die Praxis und die Ziele des traditionellen Theaters neu zu fassen, nämlich Veränderungen aufzuzeigen;
- sollte selbst ein Beispiel von Veränderung sein;
- ist im Kern moralisch.

Straßentheaterformen sind

- der Umzug, die Parade, ein Beginn mit Musik, ein Aufmarsch rund um die Spielfläche, um Publikum anzuziehen;
- mittelalterliche Moritaten und Burlesken;
- Rockmusik mit verständlichen Texten;
- das Plakat, das Flugblatt, die Schautafel;
- Rollenspiele;
- Masken- und Puppenspiel;
- das Stehkino und die lebende Zeitung;
- auch Demonstration und Agitation;
- Zirkus, Platzkonzert;
- und ... und ... und ...

Tips fürs Straßentheater:
Fangt mit Menschen an, nicht mit Schauspielern, Finger weg von Leuten, die sich nur selbst produzieren wollen, sucht Darsteller.
Nehmt alles an Materialien, was auf die Spieler zugeschnitten ist.

Laßt Persönlichkeit und Phantasie freien Lauf.
Ermöglicht den Darstellern, das Material selbst und nach eigenen Vorstellungen zu formen. (Material ist auch: Requisit, Text, Inhalt, Gehalt, Schminke, Puppe, Bühne ...)
Die Commedia dell'Arte hat sich als die nützlichste Form erwiesen. Sie ist offen und farbig und verwendet Masken und Musik. Für diesen Stil müssen die Darsteller eine präzise Gestik verwenden, der Text muß einsichtig illustriert werden.
Baut eine transportable Spielfläche.
Baut die Bühne so auf, daß die Zuschauer nicht von der Sonne geblendet werden.
Verwendet Hornsignale, Trommeln, Pauken, Tambourine, Flöten.
Arbeitet mit schlichten Songs.
Sprecht nicht akzentfrei, aber laut, daß euch das Publikum aus 50 m Entfernung noch hören kann.
Haltet die Länge der Vorstellung unter einer Dreiviertelstunde, spielt mit Tempo! Paßt euch kleinen Zwischenfällen an, Hunden, Kindern, Zwischenrufen, Polizeisirenen, Glockengeläut. Baut sie textlich mit ein.

Wenn Straßentheater versucht, soziale Zusammenhänge aufzudecken, signalhaft Bekanntes neu zu definieren, zu aktualisieren, dann kommt es nicht umhin, mit Masken und Puppen zu arbeiten. Spielerisch versucht es, mit der (stereotypen) Maske die alltägliche Maske aufzubrechen. Es versucht, mit Hilfe von Spiel, Rollenspiel, die Wirkung der Maske durchschaubar zu machen.
Es bedient sich des Puppenspiels, um immer wiederkehrende Typen, die gesellschaftliche Erscheinungen verkörpern, darzustellen. So tauchen der alte, fast verschwundene Kasper des Puppenspiels und sein Partner Seppl (das alte Klischee des intelligenten Machers und seines trottelhaften, aber doch schlauen Gehilfen) in der Sprechpuppe einer Straßentheatergruppe aus Frankfurt wieder auf.

Die Spanne der Figuren reicht von der Standpuppe in Handgröße über Hand- und Sprechpuppen bis zu Stabpuppen und Monstern von einigen Metern Höhe - im Agitationstheater als Möglichkeit der Überhöhung und damit Verdeutlichung, in anderen Formen der Straßentheater mehr als Symbol und Kontaktfigur.
Die Gefahr, daß die totale Vereinfachung von gesellschaftlichen Ereignissen oder Strukturen zu Schwarz-Weiß-Malerei führt, wird von den Gruppen wohl gesehen, aber zugunsten des Plakativ-Deutlichen verdrängt, verstärkt aber die ohnehin schon vorhandene Tendenz zum Klischee.
Der Gefahr der Mystifizierung durch Schminke, Maske, Puppe können sich die wenigsten Gruppen entziehen, vielleicht wollen sie's auch gar nicht.
Auf jeden Fall ist Straßentheater nicht nur Träger ästhetischen Genusses, sondern mehr Sprachrohr gegen Abhängigkeit und Unterdrückung für Personen oder Gruppen, denen nur dieses Medium zur Verfügung steht.

(Diethard Wies, Foto: baufirma meissel & co)
Das Versucheheft Nr. 8 heißt "Straßentheaterfibel"
und wird noch in diesem Jahr erscheinen.

CLOWNSZENEN

Ein Vorhang aus gebatikten Bettüchern, eine Wäscheleine, Klammern, ein paar Gegenstände als "Spielzeuge", z. B. ein kleines Tuch, ein Besen, eine Blume. Natürlich auch die Clownsnasen aus Tischtennisbällen (wie sie hergestellt werden, ist auf Seite 49 zu finden).
Der Vorhang öffnet sich, das Spiel kann beginnen, die Vorstellung ist eröffnet.

Allein

Einzelvorstellungen eines jeden Clowns. Heraustreten hinter dem Vorhang, dreimal in (vielleicht) verschiedenen Stimmungen. Nichts bringen, nur ein kurzes Dasein vor einem Publikum.

Zu zweit mit Spielzeug

Jeder Clown sucht sich "sein" Spielzeug (Eimer, Besen, Hut ...). Jeweils zwei Clowns gehen hinter den Vorhang, ohne sich miteinander abzusprechen. Ein Clown geht zuerst vor den Vorhang und beginnt, mit seinem Spielzeug zu spielen. Der zweite kommt hinzu. Eine Begegnung wird improvisiert - ohne Worte. Versuchen, einen kleinen Abschluß der Szene zu finden.

Liebeserklärung

Ein Tuch liegt auf dem Boden. Zwei Clowns begegnen sich, zeigen sich ihre Zuneigung, ihre Sympathie, ihr Interesse aneinander. Gleichzeitig hat jeder der beiden das starke Bedürfnis, auf dem kleinen Tuch (kaum Platz für zwei), seinem Fleckchen Erde, zu stehen. Ein Beziehungskampf entsteht.

Vertreterclowns

Drei oder vier Leute gehen hinter den Vorhang. Jeder nimmt sich einen Gegenstand. Einer nach dem anderen geht nach vorn. Alle versuchen gleichzeitig, mit allen Tricks und Raffinessen ihre Dinge dem Publikum aufzuschwätzen.

Reden

Zwei Clowns begegnen sich. Jeder hat zum Sprechen nur ein Wort, eine Silbe oder einen Ton zur Verfügung.

Reden gegeneinander

Wir sitzen alle im Kreis. Zwei Leute gehen in die Mitte, setzen oder knien sich einander gegenüber. Auf ein Zeichen von außen hin reden sie eine Minute lang aufeinander ein, ohne sich dabei zuzuhören. Jeder soll seinen roten Faden behalten. Es sollen keine Dialoge entstehen. Was dabei gequatscht wird, bleibt jedem überlassen und unterzieht sich keiner Kontrolle. Jeder soll in seinem Redefluß nur Motor für den anderen sein. Nach genau einer Minute wird abgebrochen, und zwei andere gehen in die Mitte.

(Norbert Sommer)

KOMISCHE GESTALTEN

Der Gnom

Zu zweit hinter einem Tisch. Der Vordermann zieht eine Hose über die Arme, die Hände stecken in Schuhen. Der hintere steckt seine Arme in die Ärmel einer Jacke (Rückenteil nach vorn). Er stellt die Hände des Vorderen dar, bleibt aber versteckt.

Sprache und Hände

Einer geht auf die Spielfläche, setzt sich auf einen Stuhl und erzählt etwas. Hände auf den Rücken. Ein zweiter kniet sich hinter ihn und streckt seine Arme unter dessen Achselhöhlen durch. Dieser Hintere erzählt mit seinen Händen. - Die Hände können dabei sowohl kommentieren, als auch eigenständig werden. Ebenso möglich sind Dialoge zu viert, z. B. Begegnung auf einer Parkbank. Wir spielten einmal: Pfarrer und SPD-Politiker, Patient und Psychologe ...

(Norbert Sommer)

SPIELIDEEN

Alles, was eine Gruppe an Übungsspielen und Improvisationen in ihrer Gruppenarbeit ausprobiert, läßt sich auch anderen zeigen. Bei einer Werkstatt wurde das versucht. Man hatte gar nicht die Absicht, für andere etwas aufzuführen. Nun ergab es sich aber, daß an dem Ort, an dem die Werkstatt sich für drei Tage eingemietet hatte, ein Flohmarkt veranstaltet wurde. Die Gruppe entschied sich, auf dem Flohmarkt eine Aktion zu machen. Das war, nachdem die Gruppe zwei Tage zusammengearbeitet hatte. Kaum jemand hatte vorher schon einmal zusammen in der Öffentlichkeit gespielt. Das erste, was man tat, man machte eine Ideensammlung.

<u>Ideen für die Flohmarkt-Aktion</u>

oder für einen Stadtbummel auch im alltäglichen Leben zu verwenden.

* Brabbeln
* Einfrieren
* Spiegelpantomime
* Aufeinander einreden
* Mit fremden Händen am Stand etwas kaufen
* Fäden durch die Leute ziehen
* Glasscheibe, Spiegel tragen (pantomimisch)
* Tauziehen (pantomimisch)
* In Zeitlupe gehen
* Puppen verbiegen
* Roboter
* Als Gruppe etwas sehen - oooh!!!
* Etwas pantomimisch verkaufen
* Jonglieren

* Indianergeheul
* Festkleben und um Hilfe rufen
* Gegen imaginäre Wände stoßen
* Eine Schlägerei veranstalten
* Picknick auf einer Wiese spielen (Natur auf dem Beton entdecken)
* Mit dem großen Tuch Bewegung und Geräusche machen
* Jemanden retten, der sich z. B. nicht traut, von einem winzigen Mäuerchen zu springen
* Bälle zuwerfen
* Flohmarkt kehren
* Immer alles aufheben, was Leute hinwerfen, und es ihnen nachtragen
* Spielen, Flöhe zu haben
* Ein großer Menschenhaufen stürzt sich auf einen einzigen Gegenstand und will unbedingt diesen kaufen
* Schuhputzer
* In einem bestimmten Rhythmus sprechen

Viele Ideen waren angeregt durch das, was die Gruppe bisher in der Werkstatt ausprobiert hatte, was ihr jetzt zur Verfügung stand. Hier eine Auswahl dessen, was in der Werkstatt probiert wurde (aufgeschrieben von Norbert Sommer):

Spiegelpantomime

Wir stellen uns einem Partner gegenüber. Jeder ist Spiegelbild seines Partners. Wir machen sehr langsame Bewegungen, die leicht nachvollzogen werden können. Die beiden Partner wechseln sich in der Führung dabei ab.

Spiegelpantomime in der Gruppe

Wir stellen uns in zwei Reihen einander gegenüber. Jeder behält seinen Partner als Spiegelbild bei. Es soll so wirken, als sei zwischen den beiden Reihen ein riesiger Spiegel aufgestellt. Die Bewegungen auf jeder Seite können sich nun überschneiden. Ein ganzes Geschehen spielt sich ab. Jeder behält dabei seinen Partner als Gegenüber.

Maschinenspiel

Einer geht auf die Spielfläche und beginnt, die Bewegung irgendeines Maschinenteils mit seinem Körper auszuführen. Ein Zweiter baut sich hinzu und ergänzt die vorangegangene Bewegung sinnvoll. Die Stimmen fügen Maschinengeräusche hinzu. Ein Dritter baut sich in die Maschine ein, dann ein Vierter usw. solange, bis das Phantasieprodukt fertig ist.
Die Bewegungen der einzelnen Maschinenteile (Teilnehmer) werden ständig wiederholt und sollen möglichst mechanisch erfolgen. Die Maschine wird irgendwann abgestellt, kann zwischendurch aber auch schon schneller oder langsamer arbeiten.

Puppenfabrik

Wir bauen - wie oben beschrieben - eine Maschine. Puppen passieren auf einem imaginären Fließband die einzelnen Produktionsgänge. Sie werden bearbeitet, von der Maschine verformt und werden, hinten angekommen, ebenfalls zu Maschinenteilen, während die ersten Maschinenteile zu Puppen werden. Die Maschine verändert sich ständig.

Marionette hochheben

Wir gehen paarweise zusammen. Einer legt sich flach auf den Boden als Marionette. Der andere bindet kleine imaginäre Fäden um verschiedene Körperteile der Puppe und beginnt, die Puppe damit zu bewegen.
Nun wird ein dickeres Seil um ein oder zwei Körperteile geschlungen und über eine Rolle (imaginär) an der Decke geworfen. Die Marionette wird also über eine Art Flaschenzug nach oben gezogen und wieder auf den Boden abgelassen. Das Zusammenspiel der beiden soll möglichst genau sein.
Die Marionette schließt die Augen. Der "Puppenspieler" untermalt seine Zieh- und Ablaßbewegungen mit zwei unterschiedlichen Tönen, die Intensität und Länge der Bewegungen angeben sollen. Anschließend vertauschen die beiden ihre Rollen.

Ballon aufblasen

Wir teilen uns in Kleingruppen auf. Jeweils einer pumpt mit Tönen und Bewegungen die anderen auf. Aus ihnen werden Luftballons, Schwimmreifen, Schlauchboot, Luftmatratzen, Seifenblasen.
Anschließend: gegenseitiges Vorführen der Arbeitsergebnisse.

Brabbeln im Kreis

Wir brabbeln im Kreis in einer Phantasiesprache aufeinander ein, geben den verschiedenen Emotionen nach, die in uns entstehen. Diese "Sprache" soll nicht über den Kopf kontrolliert und überlegt werden.

Brabbeln und Puppe

Ein oder zwei Leute stellen eine Schaufensterpuppe dar. Zwei Spieler gehen vor und versuchen, sich gegenseitig diese Puppe aufzuschwätzen in der Brabbel-Phantasiesprache.

Brabbeln und Töne

Einer gibt ein Grundthema (Ostinato etc.) vor. Alle übernehmen das als Chor, finden vielleicht einen gemeinsamen Rhythmus dazu, variieren in Tempo, Stimmung und Lautstärke. Der, der das Grundthema vorgab, fängt nun an, darauf zu improvisieren. Wenn alles abklingt, beginnt der nächste mit einem neuen Thema.

Spiel mit Gegenständen

Wir haben uns in Kleingruppen aufgeteilt. Jede dieser Gruppen erhält zwei Gegenstände, die nicht unbedingt logisch zueinander gehören (z. B. Blume und Uniformjacke, Besen und Zeitung usw.).
Die Kleingruppen überlegen sich eine kleine Spielsituation mit diesen Gegenständen. Sie bereiten sich etwa zehn Minuten lang vor. Anschließend spielen sie sich ihre Szenen gegenseitig vor.

Alle machen, was Heidi macht

Alle stehen im Kreis. Einer bekommt ein Erkennungszeichen - Hut, Schal ... - und fängt an, kleine Bewegungen zu machen. Die Gruppe übernimmt sie, macht sie gleichzeitig genau nach. Es können auch Töne hinzugenommen werden. Wenn der Vormacher keine Lust mehr hat, gibt er das Erkennungszeichen an einen anderen weiter.

Puppengeschichte

Zwei Leute stellen sich als verbiegbare Puppen vor die Gruppe. Die Gruppe beginnt nun, die beiden Puppen zu verbiegen und in verschiedene Beziehungen zueinander zu setzen. Jeweils einer geht vor und verändert ein wenig. Auf diese Art entsteht eine kleine Geschichte. Die Puppen bleiben immer so, wie sie geformt werden. Es können natürlich auch mehr Puppen in die Geschichte eingebaut werden.

Museumsbesucher

Alle Puppenbauer verlassen ihre "Werke". Die Puppen bleiben so, wie sie geformt wurden, und versuchen, sich in ihre Stellung einzufühlen. Die Puppenbauer betrachten nun von außen das Gesamtwerk. Jeder sucht für sich die Stelle im Raum, wo die Puppen für ihn das eindrucksvollste Gesamtbild abgeben. Dann gehen sie als Museumsbesucher zwischen den verschiedenen Figuren hindurch, betrachten die einzelnen Puppen und verlassen schließlich das Museum.

Bewegungskabinett

Jede Puppe soll sich in ihre Haltung, Position und Stimmung hineinfühlen. Alle Puppen fangen allmählich an, sich zu bewegen, jede auf ihre eigene individuelle Art, zunächst in Zeitlupe; vielleicht entsteht ein Zusammenspiel der Puppen. Die Puppen frieren nach einer Weile (möglichst gemeinsam) ein (werden starr), vielleicht in der alten oder aber auch in einer neuen Position und Haltung.

Denkmalspiele

* Zwei oder drei Leute (Bildhauer) überlegen sich einen Begriff oder eine Situation und bauen dazu aus den anderen Teilnehmern ein Denkmal (ähnlich dem "Puppenverbiegen"). Personen werden als Material benutzt. Die Gruppe versucht herauszufinden, worum es sich handelt.

* Einer ruft spontan irgendeinen Begriff. Ein anderer geht nach vorne und stellt sich in eine dazu passende Position. Ein zweiter baut sich ebenfalls dazu, ein dritter usw. Nicht lange überlegen! Alle, die sich eingebaut haben, versuchen, ganz starr und eingefroren stehenzubleiben.
Auf diese Art entsteht ein nicht abgesprochenes Bild. - Es ist auch eine gute Möglichkeit, wenn man in der Gruppe an einem Thema arbeitet, schnell zu Bildern und neuen Anregungen zu kommen.

* Ein so entstandenes Denkmal beginnt nun, sich zunächst sehr langsam zu bewegen und irgendwann dann wieder zu einem Bild einzufrieren.

* Aus einem Bild heraus bewegt sich zuerst ein einzelner, ein zweiter reagiert darauf. Dazwischen immer einfrieren (gleitende Bilder).

* Wir bauen zwei oder drei Denkmäler (zum Beispiel gegensätzliche Themen), die wir einander gegenüberstellen. Wir lassen sie dann gleichzeitig oder abwechselnd sich bewegen, ein Spiel entsteht, vielleicht verschmelzen die Einzelbilder auch zu einem Gesamtbild, oder die Distanzen zueinander werden noch größer?

Jemandem etwas aufdrängen

Wir setzen uns in einem großen Kreis zusammen. Wir sind zum Beispiel alle Nichtraucher, und einer hat nun ein Päckchen Zigaretten und versucht, es seinem ebenfalls nichtrauchenden Nachbarn aufzudrängen. Mit Sprache, viel Gestik und Mimik. Der andere nimmt zunächst nichts an, irgendwann übernimmt er das Päckchen und versucht, es wiederum seinem Nachbarn aufzudrängen. Das geht reihum.

Jemanden um etwas bitten

Wie zuvor beschrieben. Diesmal gehen wir jedoch in der anderen Kreisrichtung und haben zum Beispiel einen besonders schönen Hut auf dem Kopf, und der Nachbar versucht, ihn uns abzuschwätzen.

Was dann schließlich von all den zusammengestellten Ideen auf dem Flohmarkt gespielt worden ist, weiß ich nicht. Aber ich weiß, daß es allen Zuschauern und Spielern viel Spaß gemacht hat, ihre Werkstattkenntnisse auf der Straße auszuprobieren.

ROLLENDE BÜHNE

Ideale Spielorte sind Straßenbahnen, Busse, Züge, Orte, an denen sich viele Menschen aufhalten, die einen Augenblick Zeit haben. Sie langweilen sich, lesen Zeitung, beobachten andere, schlafen, denken nach und sind froh über jedes Ereignis, das Abwechslung bringt. Die Menschen sind zusammen, können nicht weglaufen, müssen dableiben.

Der Bus kommt. Die Leute steigen ein. Der Bus fährt weiter. Nicht alle haben einen Platz gefunden. Drei junge Leute stehen zusammen. Unbemerkt haben sie Kasperpuppen über ihre Hände gestreift. Die Puppen beginnen zu spielen: morgendliche Hetze, aufstehen, waschen, frühstücken, absprechen und zur Arbeit stürzen. Verwunderung unter den Fahrgästen, Nachfragen, Gespräche. An der nächsten Station steigen die Puppenspieler aus.

Nicht nur mit Puppen läßt sich auf dieser rollenden Bühne spielen. Kleine Szenen mit Personen sind ebenso möglich wie verdecktes Theater:

Zwei fangen einen Streit an, ein Dritter kommt dazu und versucht zu vermitteln. Alle drei haben abgesprochen, was geschehen soll, aber die Zuschauer wissen es nicht. Sie meinen, es sei ein echter Streit, ergreifen Partei, spielen mit, setzen sich so mit einer Fragestellung auseinander.

SCHARADEN

Scharaden, das sind gespielte Rätsel, das ist Sprache wörtlich genommen, das ist, den Klang der Worte darstellen. Die einen spielen, die anderen versuchen zu erraten, was gemeint ist.

Städte erraten

Mehrere Gruppen. Jede Gruppe wird gebeten, in einer oder in mehreren Szenen das Typische einer Stadt darzustellen, z. B. Moskau, Frankfurt, London, Paris. Es können aber auch andere, weniger markante Städte sein.

Hauptworte erraten

Worte wie Luftballon, Schlange, Koffer, Straßenbahn sollen gespielt und erraten werden.

Zusammengesetzte Hauptworte erraten

Feuer/wehr/haupt/mann, Eis/heiliger, Leucht/turm/wärter, Turm/uhr, Eck/bank, Ton/fall, Platt/form, (Blatt/form).
Zu jedem Wort soll eine Szene gespielt werden. Sollte das ganze Wort nicht erraten werden, ist es ratsam, noch eine Szene zu entwickeln, in der das Wort allen mitgeteilt wird.

Silbenscharade

Worte wie Kantor oder Zylinder werden in ihre Silben zerlegt. Dabei geht es nicht um Rechtschreibung, sondern um spielbare Szenen. Aus Kantor wird Kahn und Tor, aus Zylinder wird Ziel und Inder.
Kamm/Meer/Mus/Sieg = Kammermusik

Buchstabenscharade

Bild = B/i/l/d. Zu jedem Buchstaben wird eine Szene gespielt.

Bei allen Scharaden sollte erst die Szene gespielt und dann der Versuch unternommen werden, sie zu erraten.
Scherzscharaden - das sind festgelegte szenische Abläufe, die eine breite Improvisationsmöglichkeit bieten und mit der Sprache spielen:

Die letzte Frist

Groß angekündigt wird die letzte Frist. Trauermusik, der Henker, Leute in Ketten bewegen sich im Trauerzug über die Spielfläche. Dem Zug folgt eine fröhliche Person, die herzhaft in einen Apfel oder in ein Butterbrot beißt. Frage an die Zuschauer: "Welcher Satz wird hier dargestellt?"

Probieren geht über Studieren

Jemand kommt mit vielen Büchern und setzt sich unter einen Tisch. Dort blättert er in den Büchern. Ein zweiter kommt, klettert auf den Tisch, unter dem der Bücherblätterer sitzt und probiert etwas aus einem Topf, während er auf dem Tisch hin- und hergeht.

Er läßt seinen Drachen steigen

Eine Frau wird gebeten, auf einen Stuhl zu steigen. Ein Mann soll sich neben den Stuhl stellen. Die Frau soll eine Schnur an ihrem Ende in der Hand halten. Der Mann hält die Schnur am anderen Ende fest. Die Zuschauer sollen erraten, was hier dargestellt ist. Natürlich kann auch der Mann auf den Stuhl steigen.

Eine Flotte von zwei Dampfern verfolgt

Eine Frau wird gebeten, im Kreis herumzugehen. Zwei Männer, die so tun, als rauchten sie Zigaretten, gehen hinter ihr her. Frage an die Zuschauer: "Welcher Satz wird hier dargestellt?"

Ein Gelehrter am Arme einer überspannten Lehrerin

Eine Frau kommt, sie hat eine Milchkanne an ihrem Arm hängen und einen zusammengefalteten Regenschirm in der Hand. Sie leert die Milchkanne aus und hängt sie wieder an ihren Arm (ein Geleerter). Dann öffnet sie den Schirm und hält ihn über sich (eine überspannte Leererin).

Die Reiber von Schiller

Einer wird gebeten, sich in die Mitte zu stellen. Zwei andere werden gebeten, ihre rechte Hand auf die Schulter des ersten zu legen und dort zu reiben. Frage an die Zuschauer: "Wie heißt der hier dargestellte Titel eines bekannten Dramas aus der Sturm- und Drangzeit?"

SKETSCHE

Das sind kurze Szenen, die Alltägliches einfangen, unsere kleinen Schwächen, unsere Leiden, das Nicht-zu-Rande-kommen mit einer Situation. Wir sehen in einen Spiegel und lachen über das, was da zu sehen ist, bis wir uns entdeckt haben.
Es gibt Standardsketsche, die immer wieder in den verschiedensten Verwandlungen auftauchen. Neu daran ist immer nur die Verpackung. Hier einige Sketsche, an die ich mich erinnere.

Flohzirkus

Eine exotisch aufgemachte Person kommt. Sie stellt sich als Flohzirkusdirektor Alligarie vor, der hier seinen Flohzirkus auftreten lassen möchte. Ein Haar, gepflückt vom Kopf eines Zuschauers, wird als Seil gespannt. Die Flöhe werden mit Namen vorgestellt. Der Star der Truppe ist Fips. Er soll den dreifachen Saltomortale zeigen. Fips wird über das Seil geschickt. Fips macht erste Saltoversuche zum Anwärmen, dann den einfachen Salto. Die Spannung steigt. Gebannt verfolgt der Flohzirkusdirektor seinen Star. Auch der zweifache Salto gelingt; dann der dreifache - vom Direktor mit den Augen verfolgt. Aber das Entsetzliche geschieht: Fips landet nicht mehr auf dem Seil. Hat er die Freiheit gesucht? Der untröstliche Direktor stürzt sich auf das Publikum, durchwühlt mehrere Köpfe, und er findet einen Floh, aber die Enttäuschung ist groß. Sein Fips hatte einen karierten Bauch.

Mann im D-Zug

Ein Mann kommt auf einen Bahnsteig. Er schleppt zwei Koffer. Er setzt die Koffer ab, stellt sich bequem und entfaltet eine Zeitung, in der er liest. Der Zug fährt ein. Der Mann faltet seelenruhig seine Zeitung zusammen, öffnet die Wagentür, schiebt seine Koffer in den Wagen, steigt ein. Der Mann sucht ein Abteil - findet es, hebt seinen schweren Koffer ins Gepäcknetz, setzt sich, entfaltet seine Zeitung, liest. - Der Schaffner kommt. Er kontrolliert die Fahrkarten. Der Mann greift in seine Tasche, er findet die Karte dort nicht. Er sucht alle Taschen ab. Er wird nervös, holt die Koffer aus dem Gepäcknetz, wühlt sie hektisch durch, schmeißt alles wieder hinein und hebt die Koffer wieder hoch. Die Karte ist nicht zu finden. Er ist ratlos. Da geht ein Grinsen über sein Gesicht; er bückt sich und holt die Karte aus dem Strumpf. Zufriedenheit auf beiden Seiten. Der Schaffner geht, der Mann setzt sich wieder, entfaltet seine Zeitung. Ruhe, Frieden, Entspannung!
Auf einmal wird der Mann unruhig, rutscht hin und her, blickt häufig von der Zeitung auf, versucht, sich wieder zu konzentrieren. Schließlich steht er auf, die Zeitung hat er vorher zusammengefaltet, und verläßt das Abteil. Er geht den Gang entlang, scheinbar ziellos. Vor einer Tür am Ende das Ganges bleibt er stehen und drückt auf die Klinke - die Tür bleibt zu! Er geht den Gang wieder entlang. Am Ende des Ganges eine andere Tür. Er drückt auf die Klinke - die Tür ist zu; er drückt nochmals, nichts geschieht. Er geht wieder den Gang entlang, unruhig, mit angespanntem Gesichtsausdruck, mit verklemmtem Gang. Die Tür am anderen Ende ist immer noch zu. Der Mann geht noch viele Male hin und her. Er kann kaum noch laufen, so drückt es ihn. Er versucht alles Mögliche, um durchzuhalten. Als er wieder einmal eine der Türen erreicht und ganz mutlos die Klinke drückt, öffnet sich die Tür. Er tritt erleichtert ein, wird ganz gelöst, tritt an ein Becken, öffnet den Wasserhahn und wäscht sich die Hände.

Eine Suppengeschichte

Ein Mann kommt in ein Restaurant. Der Ober bringt die Karte. Er legt die Karte auf den Tisch, zieht Messer und Gabel aus der Tasche und öffnet damit die Karte. Der Gast wundert sich. Der Ober sagt: "Alles nur wegen der Hygiene!" Der Gast bestellt eine Suppe. Der Ober bringt die Suppe in einer Schüssel. Der Gast beginnt zu essen. Die Suppe ist zu heiß. Er bläst sie auf dem Löffel kalt, aber dann ist immer nichts mehr auf dem Löffel. Die Suppe wird kälter, jetzt kann er sie essen. Aber nein, jedesmal wenn er den Löffel in den Mund stecken will, muß er husten. Endlich aber kann er doch mit Genuß zu essen beginnen. Das Dünne hat er schnell ausgelöffelt. Aber da scheint noch Dickes in der Schüssel zu sein. Man sieht einen dikken, dunklen Klumpen. Der Ober kommt. Er scheint etwas zu suchen. Er hat einen Schuh in der Hand und am linken Fuß keinen Socken. Als der Gast den Ober sieht, stopft er schnell den schwarzen Brocken in den Mund, schluckt ihn aber nicht runter. Der Ober wird auf den vollen Mund aufmerksam, geht auf den Gast zu, zieht Messer und Gabel, öffnet damit den Mund des Gastes und zieht ganz langsam einen Socken heraus. Der Ober sieht den Gast strafend an. Er zieht den Socken an und geht. Der Gast löffelt weiter. Plötzlich nimmt er die Schüssel, flüchtet in eine Ecke und übergibt sich. Er fängt alles in der Schüssel auf. Der Ober sieht herein, der Gast erschrickt, setzt sich sofort an den Tisch und löffelt weiter.

Folgende Sketsche wurden von Nataly, 12 Jahre, aufgeschrieben:

Beim Arzt

Doktor: Was haben Sie für Beschwerden?

Patient: Ich habe am Rücken so ein komisches Stechen.

Doktor: Dann ziehen sie mal Ihren Pullover aus.

Erzähler: Der Patient zieht den ersten Pullover aus, den zweiten Pullover, den dritten Pullover, den vierten Pullover. Und so geht es weiter, bis er endlich den letzten Pullover auszieht.

Patient: (ein Knall) Ach, hier ist ja die Bürste, die ich seit drei Jahren suche. Vielen Dank, Herr Doktor!

Komm-Pott

Erzähler: Ein Mann kommt in eine Wirtschaft.

Wirt: Was soll's sein?

Mann: Kompott, Wirt.

Wirt: Ja, gut, Emma, der Mann will Komm-Pott.

Emma: Einen Moment!

Emma: (zieht einen Pott hinter sich her) Komm-Pott, Komm-Pott!

Aufstehen

Mutter: Aufstehen!

Kind: Ja.

Mutter: (eine Stunde später) Es ist schon 10 Uhr!

Kind: (Schreck) Warum hast du mich nicht früher geweckt?

Der Kragenknopf

(Wir haben diesen Kragenknopf oft gespielt. Am Lagerfeuer, beim Lagerzirkus, bei Sommerfesten und mit allem Pomp auf der Bühne. Natürlich lassen sich noch andere Theaterformen dazuerfinden, z. B. ihn so zu spielen wie ein Musical, wie einen Krimi, wie ein Bauern- oder Straßentheater oder so, wie Beckett oder Handke diesen Text inszenieren würden.
Diese wenigen Worte, die auch durch andere ersetzt werden können, bieten eine vielfältige Spielmöglichkeit.)

Eine fröhliche Kurzszene für zwei übermütige Spieler, die sehr wandlungsfähig und "ausdrucksvoll" spielen können und die sich einmal überbieten dürfen in Pathetik, Komik und Freude am Austollen. Sie führen also die völlig sinnlose Szene vor:

Der Erste: Hast du nicht des Vaters Kragenknopf gesehen?

Der Zweite: Nein.

Der Erste: So stirb (er ersticht ihn).

Diese Szene spielen sie nacheinander fünfmal, wobei ein Ansager jedesmal vorher verkündet, in welcher Art die schreckliche Geschichte gezeigt werde:

1. Als Schauspiel:

Gelassen und ganz natürlich tritt der erste Spieler auf und beginnt, den Kragenknopf zu suchen.
Der Zweite kommt, tut irgend etwas Belangloses. Er liest die Morgenzeitung, trinkt dabei Kaffee und streicht sich Marmelade aufs Brot. Das alles muß den Anschein erwecken, es handle sich um den Beginn eines großen Stückes. Dann kommt die Frage:

Der Erste: Du!

Der Zweite: (kauend) Hm?

Der Erste: Hast du nicht des Vaters Kragenknopf gesehn?

Der Zweite: Ich? - Nein!

Der Erste: (ein dortliegendes Messer ergreifend, pathetisch) Dann stirb!
(und er tut, was das "Textbuch" vorschreibt).

2. Als Operette:

Musik! Beide hopsen, Arm in Arm, ballettartig auf die Bühne. Bis zur Rampe. Der Scheinwerfer geht mit und wird abwechselnd schön kitschig rot, blau und grün. Sie singen "operettenhaft":

Du - Wer, ich? - Ja, du! - So, ich? - Jaja - Soso!
Hast du nicht? - Was denn, was denn.
Hast du nicht? - Ich weiß noch nicht ...

Sie tanzen auseinander, zueinander, immer süß lächelnd, eine Hand an der Hüfte, die andere zierlich überm Kopf wiegend. Und schon tritt der Chor der Stubenmädchen auf - mit zierlichen Besen, womit sie die Ecken ausfegen, um den vermißten Kragenknopf zu suchen, und dabei singen sie den neuen Operettenschlager:

Wir suchen einen Kragenknopf,
der Kragenknopf ist fort.
Und finden wir ihn nicht, den Tropf,
so endet das mit Mord.

Weiterer Ausbau nach Belieben.

3. Als Tragödie:

Schon ehe der Vorhang sich öffnet, hört man die beiden Spieler gotterbärmlich weinen.
Nein, weinen ist zu wenig: heulen!
Sie haben nasse Bettücher, in die sie hineinheulen und die sie von Zeit zu Zeit in einen bereitstehenden Kübel auswinden. Man muß es plätschern hören!
Sie können kaum sprechen vor Jammer. Immer, wenn sie zwei oder drei Worte gesagt haben, brechen sie wieder in erbarmungswürdiges Geplärre aus. - Freilich darf man auch solche Szenen nicht breitwalzen, sonst verlieren sie ihren Witz, der vor allem in improvisierten Einfällen beruht.
Am Schluß stirbt der eine heulend, der andere jammert an der "Leiche" weiter. Vorhang!

4. Als Oper:

Der Beginn etwa so: leere Bühne, schauerliche Beleuchtung. Musik. Plötzlich betritt der Erste die Bretter, die Hand erhoben und singt: Halloooooooo! - Echo vom Zweiten: Halloooooo!
Dann die Frage, nach obiger Beschreibung gesungen.
Dazwischen kann auch der "Chor der Bürger und Edelleute" auftreten und die liebliche Arie singen:

O holdes Schicksal
Wollt'st uns künden,
Wo Vaters Kragenknopf zu finden.

(Wobei sich Musik, Chor und die beiden Darsteller an Hingabe und Lautstärke durch nichts überbieten lassen.)

Der Chordirigent braucht sehr lange Haare ...
Das Schlußwort: "Dann stirb" muß nervenaufpeitschend lange variiert, wiederholt und von neuem aufgegriffen werden, wobei der Zuschauer immer wieder den Eindruck haben muß: Jetzt endlich ersticht er ihn ...
Aber der Mörder wendet sich wieder ab und singt von neuem den mächtigen Arienschluß: "So stirb!"

(Edmund Lutz: Stegreifspiele und Scharaden, Don Bosco Verlag München 1949)

SZENEN

Die Moritat von der kranken Zeit

(Rechts stehen die 1. Dame, der 1. Herr, die 2. Dame und der 2. Herr diagonal hintereinander; links der 3. Herr; alle mit Zeitungen. Der Marktschreier steht in der Mitte. Die Damen und Herren psalmodieren ihre Sätze zur Musik; der Marktschreier spricht ohne Musik.)

Marktschreier: Herbei, meine Damen! Heran, meine Herrn!
Hier wird Ihnen gleich gezeigt,
zu welchen Gebrechen und Schwächen gern
die heutige Menschheit neigt.

Uns alle quält mancherlei
Weh und Ach
von ungeklärtem Befund;
und wäre der Zeitgeist
nicht geistesschwach,
so wären wir sicher gesund.

Doch welches Leiden
uns eigentlich drückt,
das fällt uns von selbst nicht ein,
das wird in die Spalten der Zeitung gerückt;
na, schauen Sie mal hinein!
(Marktschreier ab. - 3. Herr öffnet seine Zeitung und sieht hinein.)

1. Dame: Sind Sie an den Füßen taub?

1. Herr: Leiden Sie an Zwangsneurosen?

2. Dame: Fürchten Sie Planetenstaub?

2. Herr: Frieren Sie in Unterhosen?

1. Dame: Hat Sie leichtes Wadenzittern
                   öfter aus dem Bett gescheucht?

2. Herr: Oder werden bei Gewittern
                   Ihre Brillengläser feucht?

3. Herr: *(schließt seine Zeitung)*
                   Dann nehmen Sie Ihre Zeitung zur Hand,
                   (1. Dame öffnet ihre Zeitung und sieht hinein)
                   und lesen Sie unverweilt,
                   (2. Dame öffnet ihre Zeitung und sieht hinein)
                   was man für Mittel dagegen fand
                   (1. Herr öffnet seine Zeitung und sieht hinein)
                   und wie man dergleichen heilt;
                   (2. Herr öffnet seine Zeitung und sieht hinein)

Marktschreier: *(kommt in weißem Labormantel)*
                   Es lebt ein Wurm in unserm Lande,
                   den Regenwurm nennt man ihn schlicht;
                   doch bis zu diesen Tagen kannte
                   man sein geheimstes Leben nicht.

                   Die Forschung hat erst jetzt erwiesen,
                   daß ein besonderes Sekret
                   bei sogenannten Würmerriesen
                   im Afterdrüsensack entsteht,

                   das bei den Regenwürmern eine
                   Elephantomanie bedingt,
                   beim Menschen aber ungemeine
                   Heilwunderwirkungen vollbringt.

>   Aus den modernsten Würmerpressen
>   fließt Hilfe auch für Ihre Qual.
>   Noch heute kaufen! Nicht vergessen:
>   "Vermol-Gelee, Imperial".
>   *(Marktschreier ab. - 3. Herr öffnet
>   seine Zeitung und sieht hinein. - Die
>   andern Damen und Herren schließen
>   ihre Zeitungen.)*

1. Herr: Ist Ihr rechtes Ohr zu klein?

2. Herr: Haben Sie zwei linke Hände?

1. Dame: Würden Sie zufrieden sein,
                    wenn man Sie nicht albern fände?

2. Dame: Wünschen Sie, daß Sie Ihr Schwager
                    etwas mehr beachten soll?

1. Herr: Ist Ihr Oberarm zu mager
                    oder Ihre Brust zu voll?

3. Herr: *(schließt seine Zeitung)*
                    Dann nehmen Sie Ihre Zeitung zur Hand
                    und lesen Sie unverweilt,
                    was man für Mittel dagegen fand
                    und wie man dergleichen heilt.
                    *(Dazu Spiel der andern Damen und
                    Herren mit ihren Zeitungen wie oben.)*

Marktschreier: *(kommt im Bademantel)*
                    Es ist der Menschheit alter Kummer
                    und allgemeines Erdenlos:
                    Der eine fühlt sich eine Nummer
                    zu klein, der andere zu groß.

                    Oft machen Körpermaße Sorgen,
                    die uns Natur so ungleich gab;
                    der eine möchte gern was borgen,
                    der andre gäbe gern was ab.

| | Und weil's mit manchen Körperteilen
wohl auch bei Ihnen mißlich steht,
erfanden wir, um Sie zu heilen,
das "Salto-Salus-Turngerät".
Der Apparat ist leichtmetallen,
wiegt fünfzig Pfund und ist nicht groß:
man braucht ihn früh nur umzuschnallen
und schnallt ihn abends wieder los.
*(Marktschreier ab. - 3. Herr öffnet
seine Zeitung und sieht hinein. - Die
andern Damen und Herren schließen ihre
Zeitungen.)* |
|---|---|
| 2. Herr: | Sind Sie etwa magenkrank? |
| 2. Dame: | Leiden Sie an Nasentropfen? |
| 1. Herr: | Gibt es einen hohlen Klang,
wenn Sie an den Schädel klopfen? |
| 1. Dame: | Steigt das Blut in Ihre Ohren,
wenn man kräftig daran zieht? |
| 2. Dame: | Haben Sie verstopfte Poren
oder keinen Appetit? |
| 3. Herr: | *(schließt seine Zeitung)*
Dann nehmen Sie Ihre Zeitung zur Hand
und lesen Sie unverweilt,
was man für Mittel dagegen fand
und wie man dergleichen heilt.
(Dazu Spiel der andern Damen und Herren mit ihren Zeitungen wie oben.) |
| Marktschreier: | *(kommt weißbärtig in grauem Kittel,
eine Flasche in der Hand)*
In Griechenland wächst eine Beere;
die Wunderbeere heißt Plem-Plem.
Man sagt, wer immer sie verzehre,
würd' alt wie einst Methusalem. |

                  Seit jeher waren diese Beeren
                  beim Griechenvolke sehr beliebt;
                  und damit läßt sich auch erklären,
                  woher's die alten Griechen gibt.

                  Wir importieren gut und billig
                  den konservierten Beerensaft;
                  Sie trinken morgens statt der Millich
                  ein Gläschen "Plem-Plem-Griechenkraft".

                  Beziehn Sie laufend unsre Waren
                  mit Garantie für jedes Stück,
                  und sterben Sie vor siebzig Jahren,
                  bekommen Sie Ihr Geld zurück.
                  (Marktschreier ab. - 3. Herr öffnet
                  seine Zeitung und sieht hinein. - Die
                  andern Damen und Herren schließen ihre
                  Zeitungen.)

1. Herr: Wissen Sie nicht mehr,
                  wohin Sie mit Ihrer Freizeit sollen?

1. Dame: Hat Ihr Dasein keinen Sinn,
                  wenn Sie mit den Augen rollen?

2. Dame: Stürmt die Angst des Menschenlebens
                  allzu heftig auf Sie ein?

2. Herr: Suchten Sie bisher vergebens
                  eines Freundes Freund zu sein?

3. Herr   *(schließt seine Zeitung)*
                  Dann nehmen Sie Ihre Zeitung zur Hand
                  und lesen Sie unverweilt,
                  was man für Mittel dagegen fand
                  und wie man dergleichen heilt.
                  (Dazu Spiel der andern Damen und Her-
                  ren mit ihren Zeitungen wie oben.)

Marktschreier: *(kommt in Wolldecke und Turban)*
                  Es gibt für alle, deren Leben
                  sich in die Sinnentleerung neigt

ein Mittel, das zum Seelenstreben
die körperlichen Wege zeigt.

Sie nähern sich dem Reinen, Guten
durchaus bequem und angenehm,
widmen Sie täglich fünf Minuten
dem "Lama-Seelenkult-System".

Daneben werden Gliederreißen
und Rheuma wirkungsvoll bekämpft
durch progressives Nabelbeißen,
das alle Nervenleiden dämpft.

Auch Freundschaft, Liebe und
dergleichen
sowie den Weg ins Geisterreich
kann man durch Seelenkult erreichen.
Bestellen Sie das Lehrbuch gleich!
*(Marktschreier ab. - 3. Herr öffnet
seine Zeitung und sieht hinein. - Die
andern Damen und Herren schließen
ihre Zeitungen.)*

1. Dame: Spüren Sie mitunter Lust,
einen Führer zu verführen,
oder bleibt es unbewußt?

1. Herr: Stottern Sie bei Liebesschwüren?

2. Herr: Träumte Ihnen, daß Sie schweben?

2. Dame: Und wird Ihnen manchmal klar,
daß bei Ihrem letzten Leben
grade Mittelalter war?

3. Herr: *(schließt seine Zeitung)*
Dann nehmen Sie Ihre Zeitung zur Hand
und lesen Sie unverweilt,
was man für Mittel dagegen fand
und wie man dergleichen heilt.
(Dazu Spiel der andern Damen und Herren mit ihren Zeitungen wie oben.)

Marktschreier: *(kommt in schwarzem Umhang und Barett, ein Buch in der Hand)*
Geheimnisvoll ist unser Leben
vom Überirdischen umzirkt;
und wenigen nur ist gegeben
zu schauen, was der Schleier birgt.

Die Jenseitskraft kann den zerstören,
der ihrer Macht zu nahe steht;
und doch kann man zu ihr gehören,
wenn man die rechten Wege geht.

Drum lesen Sie, wie es den Alten,
den wirklich Wissenden gelang.
Kein Schund! Kein Schwindel!
Sie erhalten den wahren,
echten Höllenzwang:

"Das Evangelium Petri" spiegelt,
was selbst die Bibel noch verbarg.
Das Buch ist siebenfach versiegelt;
Nachnahme: Neunzehn Deutsche Mark.
(Er nimmt Umhang und Barett ab.)

Vielen Dank, meine Damen!
Schönen Dank, meine Herrn!
(Die Damen und Herren schließen ihre Zeitungen.)
Hier wurde Ihnen gezeigt,
zu welchen Gebrechen und Schwächen gern
die heutige Menschheit neigt.

Und alle quält mancherlei Weh und Ach
von ungeklärtem Befund;
und wäre der Zeitgeist nicht
geistesschwach,
so wären wir sicher gesund.

Drum haben wir Ihnen mit viel Geduld
die Heilmittel aufgeführt.
Wer jetzt nicht begreift,
der ist selber schuld,
wenn er morgen daran krepiert.

(Gerhard Valentin in: Kleine Texte zum Spielen, Jugenddienst-Verlag)

Lehrclownerie

Sprecher: *(in Bänkelsängermanier)* Betrachtet gut und sehr genau, der Mann kann euch was lehren *(von hinten stürzt einer aus dem Vorhang nach vorn und wird an seinen Hosenträgern wieder zurückgezogen. Ein Balken wird sichtbar, an dem die Hosenträger befestigt sind. Auf diesem Balken steht zu lesen: "Das sind die Verhältnisse" und "Ich kann nicht anders, das ist meine Natur".)*

Sprecher: Er wurde in allen Ehren grau und will sich nicht bekehren. Er ist befestigt nach dort hinten, hängt fest an der Umwelt und eigener Unmöglichkeit. Bei allem guten Willen kommt er nie weit. *(Der Mann ist wiederum nach vorn gelaufen und von den Hosenträgern zurückgezogen worden.)*

Sprecher: Hier hilft nicht Kraft und eisernes Beginnen, dem Halt läßt sich nur mit Verstand entrinnen. *(Der Mann hat überlegt, macht eine Flanke über den Balken, wundert sich, daß er nicht frei ist.)*

Sprecher: Verstand ist gut, doch seht, es haben die Verhältnisse sich nur gedreht. Ein anderer Stellenwert, ein neuer, die Sache ist nicht ganz geheuer. *(Der Mann macht eine neue Flanke nach vorne.)*

Sprecher: Wie er sich auch wenden mag und drehn, eine Veränderung ist nicht abzusehn. Nur Mut zu einer anderen Lösung, der große Wurf, keine Verzögerung. *(Der Mann knöpft die Hosenträger ab, rennt nach vorn, verliert dabei die Hose, steht verschämt da.)*

Sprecher: Hurra, er hat es jetzt begriffen, gewagt den großen Sprung der Unabhängigkeit. Nun steht er da, entblößt und angepfiffen, verspottet, elend, wenig achtbar - halleluja -. *(Andere sind auf den Mann zugestürmt, zeigen mit Fingern auf ihn, dann stoßen sie ihn von der Bühne.)*

Sprecher 1: Es ist leichter, Meister im Stabhochsprung zu sein, als zu wagen, sich von allen Wenn und Aber zu befreien.

Sprecher 2: Merke: Wagst du dich anders zu verhalten als andere, wird man dich steinigen, auch wenn du nur das Beste für die anderen wolltest.

Sprecher 3: Merke: Einsatz für andere ist lebensgefährlich.

(Fritz Rohrer in Dschungelkantate "Spiele und Happenings", Wolfgang Fietkau, Jugenddienst-Verlag 1968)

Stacheldrahtgärtner

Sprecher: Vor urdenklichen Zeiten, als noch Menschen lebten, war es üblich, miteinander zu reden. Jedermann sagte seine Meinung, setzte dem anderen seinen Standpunkt auseinander und war zufrieden. Frieden war damals ein großes Wort. Um es zu bewahren, schützte man sich vor dem anderen, und die anderen schützten die anderen vor sich. *(Stacheldraht wird zwischen den Leuten, die auf der Bühne stehen, hindurchgespannt.)* Jeder hatte seinen Bereich und war selig. Ob er lebte, war nicht die Frage. *(Die Personen verkümmern zusehends.)* Zu dieser Zeit gab es Menschen, die einem eigenartigen Geschäft nachgingen. Von allen verspottet, taten sie etwas völlig Unvernünftiges. *(Jemand kommt mit einer Blumengießkanne und begießt den Stacheldraht.)* Aber auch der Spott konnte sie nicht daran hindern, das Unvernünftige weiter zu tun. Darüber befragt, welchen Sinn diese Tätigkeit habe, antworteten sie:

Gärtner: Ob der Stacheldraht nicht vielleicht eines Tages doch blühen könnte?

Sprecher: Mit Gewißheit, nein.

Gärtner: Man muß es aber trotzdem versuchen, auch wenn alles dagegen spricht.

Sprecher: Und sie gossen den Stacheldraht, der Menschen von Menschen trennt. Ob er je geblüht hat, darüber wird nichts berichtet. Vor undenklichen Zeiten, als noch Menschen lebten ... Vielleicht wurde zuwenig gegossen, vielleicht gab es zuwenig solcher närrischen Gießer. Vielleicht ... *(ausblenden)*

(Fritz Rohrer in: Dschungelkantate "Spiele und Happenings, Wolfgang Fietkau, Jugenddienst-Verlag 1968)

FESTE

ICH TRÄUME EIN SOMMERFEST

Ich träume am Schreibtisch - ganz alleine. Ich habe mich auf die Reise geschickt, in Erinnerungen zu wühlen.
Da fällt mir zuerst ein: Licht, Dunkel, Fackeln, Musik, sitzen und träumen, liegen, Kartoffeln rösten.
Dann ist da das erste Bild: der Römerberg in Frankfurt, eine laue Sommernacht, Kerzen auf dem Pflaster. Um die Kerzen haben sich junge Leute gelagert; sie reden, singen, schweigen, träumen. Ein paar Ziegelsteine, glühende Holzkohle dazwischen, Kartoffeln, in Folie eingepackt, in der Glut. Kirchentag 1979 - Gute-Nacht-Kirche.
Aber schon schiebt sich ein anderes Bild davor: Stehgeiger, Hammerbrettspieler, Abend, Sommer. Wir sitzen an einem Tisch auf der Terrasse eines Restaurants. Wir haben gegessen, getrunken und genießen den Abend, sehen dem Hammerbrettspieler zu, der zwischendurch einnickt, aber genau an der richtigen Stelle weiterspielt, wenn er aufwacht. Plattensee, Ungarn - ich weiß nicht mehr, wann ...
Dieses Draußensitzen und die Nacht genießen, in das Dunkel starren, singen, reden ... Mallorca, eine einsame Ölmühle mitten im Land, abseits vom Tourismus. Die halbe Nacht sitzen wir da.
Und dann der letzte Urlaub. Die Nacht am Shannon bei einigen Scheiten Holz, die brennen, zu Glut werden und verglimmen. Wir leben einige Tage auf den verschlammten, moosüberwachsenen Steinen. Lesen, auf den Fluß starren, Tee trinken, genießen, Zeit durchziehen lassen.

Mir fallen immer neue Situationen ein. Allen scheint gemeinsam die Zeit, die Ruhe, das Erleben von Kleinigkeiten, das Genießen. Sonderbar, mir fallen nicht die großen Feste ein, die mit viel Mühe vorbereitet worden sind.
Aus diesen Erinnerungen träume ich mir ein Fest, in dem das enthalten ist, was mir einfiel.

Eine Lichtung im Wald. Ich habe Freunden und Bekannten geschrieben, wie sie zu finden ist. Habe ihnen gesagt: "Bringt mit, was ihr liebt." Was zu essen, zu trinken und eine Decke. Ich bin am Nachmittag mit dem Fahrrad hingefahren. Ein Sonnensonntag. Ich habe ein Feuer angezündet, habe meine Decke ausgebreitet, habe mich auf die Decke gelegt und in den Himmel gestarrt, und mir ist eingefallen: "Sie säen nicht, sie ernten nicht, und unser himmlischer Vater ernährt sie doch." Die andern sind gekommen. Wir haben gegessen und getrunken, und vieles blieb übrig. Wir haben Holz für das Feuer gesammelt. Am Abend habe ich die Kartoffeln aus meinem Rucksack geholt und in die Glut gelegt. Wir haben uns von Kartoffelfeuern erzählt, von Nächten, die wir im Freien verbracht haben, von Terrassen, auf denen wir gelebt haben. Es war ruhig, die Nacht umfing uns, und nur die Glut glimmte.
Die letzten fuhren nach Hause, als die Glut erloschen war. Sie mußten sich beeilen, um pünktlich zur Arbeit zu kommen.

(Ja - ich weiß, Feuer darf man nicht im Wald anzünden, auch wenn man weiß, wie mit Feuer umzugehen ist.)

EIN PARKFEST

Der Termin: 11. Juni. Im Juni ist es warm. Es ist hoffentlich trocken. Der Termin wurde von außen angesetzt. Er steht im Zusammenhang mit den Frankfurter Kirchentagen 1980.
Der Ort: ein Park in einem Frankfurter Stadtteil.
Die Organisation: ein Dekanat, das sind 8 Gemeinden.
Das Thema: Dein Reich komme.
In der ersten Information zu dem Fest steht folgender Text: "Ein Fest, das sich auch an Kinder, ausländische Mitbürger, Behinderte und Einwohner der Altenheime richtet."

<u>Vorüberlegungen</u> (acht Monate vor der Veranstaltung)
Ideen: von dem ausgehen, was am Ort vorhanden ist. Welche der genannten Zielgruppen sind im Dekanat erreichbar? Was tun diese Gruppen? Was kann von dem, was sie tun, in ein Parkfest einbezogen werden? Haben diese Gruppen überhaupt ein Interesse an solch einem Fest? Wenn ja, welches? Deckt sich dieses Interesse mit dem des Veranstalters? Wie lassen sich in den Gruppen vorhandene Ansätze durch Personen und Geld verstärken? Wie kann das vorzubereitende Fest durch Werkstätten unterstützt werden?
Man sollte von dem ausgehen, was Leute können oder lernen wollen. Nur so ist eine aktive Teilnahme möglich. Eine Projektgruppe von allen Interessierten müßte entstehen, die sich auf ein Konzept einigt. In Kleingruppen sollte die gezielte Vorbereitung beginnen. Das Fest ist dann das Zusammenspiel dieser Kerngruppen. Notwendige Höhepunkte, die auf den Inhalt oder die Teilnehmer bezogen sind, könnten durch <u>Gruppen</u>, die von außen kommen, möglich werden.

Grundannahme, die hinter diesem Konzept steckt: Gruppen werden angeregt und unterstützt, ihr Parkfest zu machen.
Vorüberlegungen und Planungen: Die stellte ich alleine an für die Konferenz aller Pfarrer im Dekanat.
Vorbereitungszeit: 10 Wochen, ohne Osterferien.
Grundüberlegung: Was möchte man erreichen? Wer soll kommen? Was wäre sinnvoll von der Zeit, vom Engagement und von den Finanzen her?

Konzeptvorschlag

1. Von dem ausgehen, was vorhanden ist.
   Wer hat Kontakt zu Gruppen?
   Wer hat Kontakt zu Einzelpersonen?
   Wer kann selbst etwas einbringen?

2. Für das Dekanat ein Parkfest machen, das sind Leute, zu denen man Kontakt hat.

3. Für die Leute, die dann Zeit haben, ein Parkfest machen und nicht für die, die erst herangelockt werden müssen. Das sind ab 15 Uhr: Kinder, Mütter, alte Leute, Behinderte, Kranke, Arbeitslose, Schüler.
   Ab 17 Uhr: Leute, die von der Arbeit nach Hause kommen und müde sind.
   Ab 19 Uhr: Leute, die etwas erleben wollen.

4. Von außen nur das heranholen, was für die Struktur des Festes von Wichtigkeit ist und nicht von innen her abgedeckt werden kann. Was für die Struktur wichtig ist:

   * essen
   * trinken
   * sitzen können
   * Kontakt aufnehmen
   * Spaß haben
   * zusehen

   * zuhören
   * mitmachen
   * wohlfühlen
   * Bekanntes wiedererkennen
   * Bekannte treffen

5. Wie ist das herstellbar? Ich kann nur Voraussetzungen schaffen, indem ich

- auf Leute und ihre Wünsche eingehe: Kinder wollen spielen, Jugendliche tanzen, Alte Kaffee trinken und mit dabei sein.
- Ortsvereine und Gruppen einlade.

6. Was ich als Mitarbeiter anbieten kann:
   * mitüberlegen
   * Werkstätten für Mitarbeiter und Gruppen (Spiele für Feste bauen, Stoffe färben, Straßentheater)
   * Fachleute, die mit Gruppen Dinge vorbereiten können, vermitteln
   * Mitarbeitern Hilfestellung geben und ihnen Erfahrungen vermitteln

7. Gruppen, die von außen kommen und mitarbeiten könnten:
   * Theatergruppe Dornbusch
   * baufirma meissel & co (etwaige Kosten etwa 500 DM)
   * Puppenspieler (Dieter Brunner, etwaige Kosten: 300 bis 1 000 DM)
   * Clownsgruppe
   * Mitarbeiter für Spielaktionen
   * Geschichtenspielergruppe
   * Mitarbeiter für Tanzaktionen
   * Gitarre
   * jonglieren
   * Feuer spucken

Dein Reich komme heißt für mich, daß es kommen darf in vielen Möglichkeiten, die sonst nicht zum Zuge kommen können, die sonst nicht wichtig sind, die sonst immer für andere Zwecke herhalten müssen.

Der Dekan legte auch einen Entwurf vor. Beide Entwürfe interessierten kaum. Man geht sehr praktisch vor. Wer hat in seiner Gemeinde Gruppen, die etwas anzu-

bieten haben? Das wird gesammelt. Einig ist sich die Konferenz auch darüber, für die Gemeinden des Dekanates ein Fest zu veranstalten. Busse sollen Kindergartenkinder und Gemeindegruppen in den Park bringen. Genaue Zahlen lassen sich nicht nennen. Im Laufe des Gesprächs klären sich Positionen und scheinen sich Konzepte zu entwickeln. Ich habe mir einen Konzeptsatz aufgeschrieben: "Ökumene ist nicht nur evangelisch und katholisch. Ökumene ist reden und beten mit allen, die in dieser Stadt glauben. Alle, die mitmachen, sollen im Gebet verankert sein."
In meinem Kopf entstehen neue Konzepte. Andere Ideen werden geboren, das Stichwort "Ausländer" ist viel stärker da als vorher. Der Abschluß des Parkfestes, das gemeinsame Gebet, hat klare Formen angenommen. Das Parkfest liegt für mich noch immer im Nebel.

Planungsgespräch

Es trifft sich ein Kreis von Verantwortlichen. Einige der Teilnehmer leiten Jugendgruppen, andere arbeiten in Kindergruppen und haben Stücke einstudiert, die beim Parkfest gezeigt werden können. Es sind alles Teilnehmer, die bisher noch nicht zusammen das Parkfest geplant haben. Das Protokoll der Dekanatskonferenz liegt vor *(siehe Seite 115)*.
Neue Ideen werden gesammelt, weitere Angebote einbezogen, z. B. mit allen Kindern eine Polonaise durch den Park machen, eine Malgruppe einzurichten, ein Kochlöffelstück könnte aufgeführt werden, man könnte auch mit Kindern tanzen. Probleme werden angesprochen:

- Soll eine Gleichzeitigkeit der Darbietungen angestrebt werden oder ein Nacheinander?
- Wieviel Personen können den Darbietungen der Kinder zusehen, ohne daß Podeste und Mikrophone installiert werden müssen?
- Wie ergänzen sich die Anschau- und die Mitmachangebote?

Man wird sich flexibel auf wenig, aber auch auf viele Kinder einstellen müssen.

FRANKFURTER KIRCHENTAGE 1980 / EVANG. DEKANAT BOCKENHEIM

RÖDELHEIMER PARKFEST AM 11. JUNI 1980

A) ERGEBNISSE DER BERATUNG AUF DER DEKANATSKONFERENZ

1. Das Thema "Dein Reich komme" stellt sich für das Dekanat Bockenheim dar in einem Fest, das zweckfrei und ohne Vereinnahmungstendenzen den Menschen in den Gemeinden zeigt: "Reich Gottes" ist ein Geschehen, in das wir einbezogen sind mit unseren Möglichkeiten und Defiziten. Darum begegnen wir uns in einem Parkfest, reden, freuen uns, essen und trinken miteinander.

2. Zielgruppe des Parkfestes sind die Gemeinden des Dekanates unter Einschluß der in sie aufgenommenen oder mit ihnen in Zusammenarbeit stehenden Behinderten, Ausländer und sonstigen Gruppen. Das Hauptgewicht liegt in der Kontaktaufnahme und im Kennenlernen der sonst räumlich getrennten Gemeinden. Dabei geht es um ein Miteinander von Partnern unterschiedlichster Art, nicht jedoch um ein herabsetzendes Füreinander von "Starken" gegenüber "Schwachen".

3. Vorläufiger Zeitplan für den 11. Juni 1980:

15.00 - 16.30 Uhr: SPIELE, ESSEN UND TRINKEN DER KINDER (Beteilig.v.Kindergärten und Frau L.)
AUFFÜHRUNGEN "JONA" (Kindergruppe der Dreifaltigkeitsgemeinde) und
"TURMBAU ZU BABEL" (Kindergruppe der Versöhnungsgemeinde)

16.00 Uhr: OFFENES SINGEN (unter Leitung von Herrn I. In Zusammenarbeit mit den Kantoren der Gemeinden des Dekanats)

16.30 - 18.45 Uhr: THEATERGRUPPE(N) (Herr R.)
GITARRENMUSIK GRIECHISCHER SCHÜLER (Kontakt über Herrn P., Intern.Jugendzentr.)
PODIUMSGESPRÄCHE (Inhalt und Namen der Gesprächsführenden sind noch zu klären)
SPANIER BIETEN VON IHNEN IM PARK ZUBEREITETE PAELLA AN (Span.Eltern v.Rödelh.)
CHÖRE DER GEMEINDEN SINGEN ZU JEDER VOLLEN STUNDE (evtl. im Wechsel mit Markus-Posaunenchor)
PERSÖNLICHE GESPRÄCHE MIT BEHINDERTEN
WÜRSTCHENBRATEN DER JUGENDGRUPPEN DER MARKUS-GEMEINDE
(?) EINBEZIEHUNG VON KINDERN UND JUGENDLICHEN AB 10 JAHREN DURCH EJW (Kontakte über den Leiter)
LAUFENDES ANGEBOT VON GETRÄNKEN

19.00 Uhr: OEKUMENISCHES GEBET AN GETRENNTEN STELLEN IN DER CYRIAKUS-KIRCHE (Christen, Juden, Moslems, Hindus)

4. Buszubringerdienst

B) INFORMATIONEN BZW. NOCH ZU KLÄRENDES

1. Der Regionalverband Frankfurt am Main stellt 5 000 DM für das Parkfest bereit.

2. Ein Multiplikator für Einladungen: Griech. Fußballverein, Herr K.

Konzeptversuch auf Grund der Vorbereitungsüberlegungen und der Planungsgespräche

Ich nehme das auf, was an Ideen, Überlegungen, Hinweisen und Gegebenheiten eingebracht worden ist, und versuche, daraus einen Ablauf zu gestalten, der den anzusprechenden Zielgruppen gerecht wird. Dabei berücksichtige ich die zur Verfügung stehende Zeit, die Mitarbeiter und den Ort *(siehe Seite 117)*. Dieser Plan sollte bei einem weiteren Planungsgespräch vorliegen, durch ein Versehen gelangt der Brief mit dem Plan nicht rechtzeitig dorthin. Ein letztes Planungsgespräch findet im kleinen Kreis acht Tage vor dem Fest statt. Es dient vor allem dem Gespräch mit einer Vertreterin der italienischen Gemeinde.

Das sind die Entwicklungen eines Parkfestes aus dem Blickwinkel eines Beteiligten. Die schönsten Konzepte bleiben auf der Strecke, wenn es nicht Menschen gibt, die sie für sich wichtig finden und damit aus den Gedanken Leben machen, damit Reden zur Tat wird. Und etwas tun, kostet Zeit, und Zeit haben wir kaum übrig, also muß sie woanders weggenommen werden. Wenn wir sie aber woanders nicht wegnehmen wollen oder können, können wir keine Parkfeste feiern oder müssen Menschen finden, die Zeit zum Vorbereiten und Feiern haben, denn auch die Vorbereitung sollte ein Fest sein.

Erfahrungen beim Parkfest

Alles ist vorbereitet, das Podium aufgebaut, die Lautsprecheranlage installiert, die Stromversorgung geregelt, die Buden sind angeliefert, zwei Grills sind aufgebaut, die Getränke stehen bereit. Alles steht an seinem Platz: die Bänke, die Tische; die Aktionsgruppen bauen gerade auf. Das Wetter ist herrlich, etwas zu schwül, der Park mit seinen alten Bäumen hinreißend. Wieviel Leute kommen werden, weiß man nicht. 170 Sitzplätze an Tischen sind vorbereitet.

	Spiel	Theater	Essen	Trinken	Musik	Singen	Malen	Reden	Aufbau	Dekoration	Umzug
Auf-11⁰⁰ bau 12⁰⁰ 13⁰⁰ Vor-14⁰⁰ lauf 15⁰⁰			Gemeins. Essen	Getränke stand					Podeste, Tische, Stühle, Hinweise	Tücher, Fahnen	
Kin-15⁰⁰ der-15³⁰ phase 16⁰⁰ 16³⁰ 17⁰⁰	Materialsp. Spielgeräte Spiele mit EJW	Bewegliches Theater Jona (15Min) Kasperl-Stücke Turmbau	Eis Würstchen braten			Offenes Singen	Malgruppe				Mit allen durch den Park
Er- 17⁰⁰ wach-17³⁰ senen 18⁰⁰ 18³⁰ 19⁰⁰	Bewegliche Spiele	Aufführung Baufirma Meisel Aufführung Dornbusch	Paella Kuchen	Kaffee-Kuchen	Chöre Gitarrenmusik Posaunen Chor			Podiums-gespräch Persönl. Gespräche mit behin-derten			
Got. 19⁰⁰ dienst 20⁰⁰			Gemeins. Essen								
Auf-räum. Nach-lauf								Nach-denken über das, was war	Abbau		

Ich stehe in der Mitte des Festplatzes am Gästetisch. Ich habe manchmal Zeit, von diesem Punkt aus zu sehen, was geschieht. Da sind ganz verschiedene Dinge, die geschehen, die gleichzeitig geschehen, sich nicht stören, obwohl das Mikrophon den Anspruch von Sich-durchsetzen-müssen ständig anmeldet. Zum Glück ist die Verstärkeranlage zu leise. - Da sind zwei Grills unter einem riesigen Sonnenschirm, daneben Tische und Bänke. Es sitzen da vorwiegend ältere Leute. Neben den Tischen am Boden lagert eine Gruppe körperlich und geistig Behinderter. Von hier kann man nur dem Treiben zusehen, sitzen, sich wohlfühlen, vielleicht auch sich ärgern, daß man nicht einbezogen wird. - Vor der Bude der Spanier ist viel Betrieb. Sie verkaufen Paella und Sangria. Die Clowns toben mit den Kindern herum, versuchen, sie mit einem großen blauen Tuch einzufangen. - Auf dem Podium ein ständig wechselndes Programm: Kinder treten auf, treten ab, Kulissen werden aufgezogen, es wird gesprochen, dann wieder gesungen. Bänke werden geschleppt, damit sich alte Leute vor das Podium setzen können. - Die Eisbude ist umlagert. Die Theatergruppe schminkt immer noch, Leute stehen herum und sehen zu. Die Initiativgruppen haben Tische aufgebaut, Informationen aufgehängt, einer bläst auf der Trompete. Die Frauen für Südafrika kurbeln an ihrem Stehkino und erzählen zu den Bildern. - Es ist wunderschön - diese Vielfalt, diese Gleichzeitigkeit -, aber vielleicht haben wir doch wieder die vergessen, die am Rande stehen, sich nicht trauen, zu den Clowns zu kommen. Warum sind die Clowns nicht einmal zu den Behinderten gegangen? Sie hatten so viel zu tun. Warum ist es mir nicht eingefallen, sie darauf aufmerksam zu machen? Ich hatte auch zuviel zu tun.
Die Gespräche in Kleingruppen zu den Ausländerproblemen fanden nicht statt. Aber reicht es nicht aus, miteinander zu feiern, sich kennenzulernen, sich zusammen zu freuen? Ich habe zum ersten Mal gesehen, wie junge Türken zusammen spielen. Ein Spiel, das wie unser Bockspringen aussieht, aber eine Vielzahl von Regeln hat.

Einige praktizierte Spielelemente ...

Theatergruppe

Sie fuhren mit einem VW-Bus vor. Als sie anfingen auszuladen, fing das Spiel schon an. Sie brachten Sitzkartons mit, bunt bemalt und beklebt; sofort nahmen die Kinder sie in Besitz, bauten, warfen und schlugen sich mit ihnen. Eine Unzahl von Gegenständen spuckte der Bus aus: Wasserbombe, Propangaskocher, Thermoskannen, Stoffe, Leinen, Plastikbecher. Die Truppe begann sich einzurichten, die Gardinen für den Hintergrund wurden aufgezogen, das Teewasser kochte bald. Plötzlich war Farbe in den Park gekommen. Ein Stück Atmosphäre von fahrendem Volk, Unordnung, Chaos, Nicht-wie-die-andern-sein, Zeit haben, etwas wagen, verwegene Gestalten. Sie schminkten sich, schminkten die Kinder, lagerten. Eine kleine Welt für sich in diesem Park. Manche guckten zu, trauten sich nicht so recht.

Dann fing das Theater an. Kleine Szenen aus der Schule, aus der Betonstadt, von zu Hause, über die Eltern. Szenen für Erwachsene, meinte die Gruppe. Ich hatte den Eindruck, daß die Kinder sehr gut verstanden haben, worum es ging. Natürlich hätten sie lieber bei allen Szenen mitgespielt und nicht nur dort, wo Wald gebraucht wurde, und alle Kinder den Wald spielten.
Aber vielleicht waren gar nicht die Szenen das Wichtigste, sondern das Bunte der anderen Welt, nach der wir uns alle sehnen.

Gästetisch

Die Idee lieferte Herr Dohrmann, als davon die Rede war, man müßte sich doch an einen Tisch setzen, alle Ausländer und die Einheimischen. Ich nahm die Idee auf und versuchte sie zu formen. Ein Tisch, auf diesem Tisch ein Tuch, und auf diesem Tuch sollten alle die Gruppen stehen, die in diesem Stadtteil lebten. Stühle drumherum zum Setzen. Aber es sollte nicht einfach jeder sich hinsetzen und seine Coca-Cola trinken. Ein Tisch nur zum Anschauen war auch zu wenig. Also mußte an diesem Tisch etwas geschehen. Mir fielen Unterschriften ein. Warum sollte nicht jeder dort unterschreiben, wo sein Herkunftsland zu finden war. Auf die Stühle mußte man auch noch mal die Namen verschiedener Herkunftsländer schreiben.

Ein Tuch, 190 x 210 cm, weißer Nessel, wurde zusammengenäht. Paul malte mit Filzstiften in unterschiedlichen Farben auf das Tuch: Italiener, Griechen, Spanier, Vietnamesen, Türken, Deutsche, Araber. Er malte die gleichen Namen noch mal auf kleine quadratische Tücher, die auf die Sitzflächen der Stühle gebunden werden sollten.

Der Tisch für dieses Tuch wurde aus kleinen Tischen in der Mitte der Parkfestfläche aufgebaut, Papier auf die Tischfläche gespannt, damit die Filzstifte nicht auf die Tischplatte durchschlagen konnten, und das Tuch darüber gespannt und am Tischrand mit Reißzwekken festgemacht, neun Stühle mit Herkunftsländern auf den Sitzflächen drumherum gestellt. Filzstifte in den Farben der Aufschriften auf dem Tuch wurden besorgt. – Die ersten Reaktionen kamen schon gleich, nachdem der Tisch aufgebaut war. Sagte einer: "Na, da kommen die Türken gleich mit ihren 15 Kindern." Andere fragten nach dem Sinn und Zweck von Tisch und Stühlen. Während des Parkfestes blieb ich beim Tisch, ob nun Leute da waren oder nicht. Es gab Stoßzeiten, wenn auf einmal Türken ihre Freunde und Bekannten anschleppten zum Unterschreiben, oder sich deutsche Kinder drängten, um ihren Christian oder Ute auf das Tuch zu malen. Es gab für mich viele Überraschungen. Manchmal tippte ich falsch, meinte mit Sicherheit, der Junge sei Deutscher, und er war Chilene. Sein Land stand noch nicht auf dem Tisch, er schrieb es drauf. Andere ergänzten ebenfalls fehlende Gruppen, z. B. Afrikaner und Inder. Ich fragte später immer gleich nach der Nationalität, um die richtige Farbe zum Unterschreiben aushändigen zu können; denn ein internationaler Einheitsbrei war nicht geplant.

Es gab an diesem Tisch manches Gespräch, manche Rückfragen und viel Lachen, wenn Türken das vorlasen, was ihre Landsleute neben ihren Namen noch an Sprüchen geschrieben hatten. In der geplanten Kleingruppenphase wurden die Stühle besetzt zum Miteinanderreden. Es klappte zwar nicht so, wie ich es mir vorgestellt hatte, daß auf jedem Stuhl ein Vertreter einer anderen Nationalität saß, aber was machte es. Die Gespräche waren gut.
Das Tuch blieb in der Gemeinde - vielleicht als Zeichen bei einer weiteren Einladung von ausländischen Mitbürgern.

Clowns

Alfred und Nobs nehmen einen Koffer mit in den Park. Der Koffer wird Behälter und Bühne zugleich, denn kaum haben die beiden ihre roten Nasen aus einem Dreiviertel-Tischtennisball aufgesetzt, geht das Spiel auch schon los.

Mit dem Koffer, der da im Gras liegt, muß es eine besondere Bewandtnis haben. Die beiden Clowns schleichen um ihn herum, nähern sich ihm, fliehen wieder. Einer faßt sich ein Herz, geht mutig auf den Koffer zu, um dann entsetzt vor ihm zu fliehen und dem anderen Clown auf den Arm zu springen.
Das Spiel beginnt ohne Zuschauer. Die ersten Kinder bleiben nach kurzer Zeit stehen, um zuzusehen, andere Kinder und auch Erwachsene folgen.
Nun endlich geht der Kofferdeckel einen Spalt weit auf. Die Zuschauer kommen näher, um zu sehen, was er enthält. Ganz vorsichtig ziehen die beiden Clowns aus dem Kofferspalt gelben Stoff, der nicht enden will. Die Kinder helfen mit.
Als das große Tuch endlich aus dem Koffer geholt ist, beginnt die zweite Phase des Spiels. Kinder und Clowns spielen zusammen mit dem Tuch.

Ein paar Tips - abgeleitet aus den Erfahrungen

- Wenn der Aufbau beginnt, sollte jemand dasein, der Auskunft geben kann, was hier geschehen soll.
- Wenn der Aufbau beginnt, sollte jemand dasein, um den eintreffenden Gruppen ihre Stellplätze zu zeigen.
- Wenn der Aufbau beginnt, sollten auch optische Informationen über das, was geschieht, angebracht werden, z. B. Plakate, Spruchbänder.
- Ein Fest beginnt nicht mit der Eröffnungsrede, sondern mit dem Eintreffen der ersten Leute. Für sie könnte schon etwas geschehen.
- Bei einem dezentralen Konzept, d. h. wenn alles gleichzeitig nebeneinanderher geschieht, sollten entweder alle Gruppen Podien haben oder keine, oder alle Lautsprecheranlagen oder keine. Eine Verstärkeranlage wird nur gebraucht, um allgemein wichtige Durchsagen zu machen.
- Vertreter aller beteiligten Gruppen sollten sich wenigstens einmal vor Beginn des Festes zu gemeinsamen Absprachen treffen.
- Ein Parkfest hat andere Gesetzmäßigkeiten als ein Gemeindeabend. Es besteht hier freie Wahl der Angebote. Die Menschen kommen mit ganz unterschiedlichen Erwartungen.
- Jemand muß Zeit haben zu sehen, wo Gruppen vom Geschehen abgeschnitten sind, und mit ihnen klären, ob sie sich dabei wohlfühlen.
- Alle Angebote sollten Impulse sein, die etwas in Gang setzen und auf die Verselbständigung der Teilnehmer abzielen. Nicht "du sollst da sitzenbleiben" sondern "bleib ein Weilchen hier und geh dann wieder" - vielleicht jetzt mit einem abgeschminkten Gesicht.
- Neue Impulse sollten immer dann kommen, wenn sich das Fest zu verlaufen beginnt und keine Tragfähigkeit mehr hat, d. h. besonders zum Schluß hin.

EIN STRASSENFEST

Ich hatte von diesem Straßenfest gehört und einen Bericht darüber in der Zeitung gelesen. Ich wußte, daß Jörg Panzer, Pfarrer in der Petersgemeinde, Frankfurt, dieses Fest mit vorbereitet hat. Ich besuchte ihn, redete mit ihm und anderen, die auch beim Fest mit dabei waren. Jörg überließ mir, als ich ging, seine gesammelten Unterlagen über dieses Fest und einige Bilder. Nun muß ich versuchen zu beschreiben, wie dieses Straßenfest wurde.

Am Anfang stand die Idee, man müßte mal ein Straßenfest machen. Überall in Frankfurt wurden Straßenfeste versucht - Straßenfeste waren dran. Dabei gilt es zu unterscheiden zwischen Straßenfesten, die Geschäftsleute veranstalten, um ihren Umsatz zu steigern, und solchen, die von Bewohnern eines Stadtteils getragen werden.
Nach reichlichen Besuchen aller möglichen Straßenfeste war nicht nur die Idee klarer, sondern auch schon das ganze Fest.

Eine Gruppe von 10 - 14 Personen entwarf die erste Einladung. Ein Graphiker gestaltete sie. 1 200 Briefkästen in der näheren Umgebung der Feststraße wurden mit dieser Einladung versorgt:

Erstes Treffen: 72 Tage vor Festbeginn.
80 Personen folgten dieser Einladung ins Gemeindehaus. Alle Altersgruppen und Berufe waren vertreten. Bei diesem ersten Treffen wurden Arbeitsgruppen gebildet, die selbständig die weitere Vorbereitung des Festes betreiben sollten. Es entstanden folgende Arbeitsgruppen:

* Eßgruppe
* Kindergruppe
* Getränkegruppe
* Kulturgruppe

Die Namen und Anschriften der an diesen Gruppen interessierten Personen wurden aufgeschrieben, um sie weiter informieren zu können. Alle Anmeldungen und das Einholen von Genehmigungen sollten über die Ev. Kirchengemeinde laufen.
Die Eßgruppe wandte sich in ihrer Arbeit wieder mit einem Handzettel an die Bewohner und bat um Unterstützung. Die Handzettel werden jetzt nicht mehr in alle Briefkästen geworfen, das ist zu teuer, sondern an die Haustüren gehängt oder an bestimmte Stellen im Stadtteil angeklebt. Dieser Zettel hatte aber nicht den gewünschten Erfolg.

Zweites Treffen: 58 Tage vor Festbeginn:
Koordinierung der Arbeitsgruppen. Etwa 30 - 40 Personen kommen zusammen. Geklärt werden muß, ob Bands mit großen Verstärkeranlagen auftreten dürfen oder nur Straßenmusikanten. Aber trotz hitziger Debatten klärt diese Frage das Ordnungsamt. Festgelegt werden die weiteren Informationen für den Stadtteil.

Ämter: Bei einem Straßenfest müssen bei den zuständigen Ordnungsbehörden Genehmigungen eingeholt werden. Die Anträge dafür stellte die ev. Gemeinde.

Der Oberbürgermeister der Stadt Frankfurt am Main
Straßenverkehrsamt - Abteilung 1 -

Straßenverkehrsamt (Amt 36) Postfach 11 92 67 6000 Frankfurt am Main 2

An die
Ev. luth. St. Petersgemeinde
z. Hd. Herrn Pfarrer Panzer
Bleichstraße 44 II

6000 Frankfurt am Main

Ihre Nachricht vom	Ihre Zeichen	Unsere Zeichen	☎ Durchwahl	Datum
		36.1.4 -Le/CK	7500 2289	28. Aug. 1979

Straßenfest in der Humboldtstraße am 01. September 1979

Gemäß § 29 Abs. 3 der Straßenverkehrsordnung in der Fassung vom 16.11.1970 wird Ihnen hiermit die jederzeit widerrufliche straßenverkehrsbehördliche Erlaubnis erteilt, am Samstag, dem 01.09.1979 in der Zeit von 15.00 - 20.00 Uhr ein Straßenfest in der Humboldtstraße zwischen dem Oberweg und dem Mittelweg durchzuführen.

Musikdarbietungen sind so einzurichten, daß die nichtinteressierten Anwohner nicht mehr als nach den Umständen unvermeidbar beeinträchtigt werden. Der Einsatz einer Verstärkeranlage ist nur mit einer Ausnahmegenehmigung des Ordnungsamtes gestattet.

Während der Veranstaltung ist der beanspruchte öffentliche Verkehrsraum von Ihnen ordnungsgemäß abzusperren und mit Zeichen 250 StVO zu beschildern. Nach Beendigung des Festes ist das Absperrmaterial aus dem öffentlichen Verkehrsraum zu entfernen.

Die Erlaubnis ist bereitzuhalten und den zur Überwachung eingesetzten Beamten auf deren Verlangen auszuhändigen. Den Anordnungen dieser Beamten ist in jedem Fall Folge zu leisten.

Für alle Schäden, die durch das Straßenfest entstehen, auch gegenüber Dritten, sind Sie haftbar.

Im Auftrag

(L e v)
Inspektorin

Der Oberbürgermeister der Stadt Frankfurt am Main
Ordnungsamt

Ordnungsamt (Amt 32) · Postfach 11 92 67 · 6000 Frankfurt am Main 2

Ev.-luth. St. Petersgemeinde
z.Hd. Herrn Pfarrer Panzer
Bleichstraße 44 II

6000 Frankfurt a.M. 1

Ihre Nachricht vom	Ihre Zeichen	Unsere Zeichen	☏ Durchwahl	Datum
		32.31-ni-ja	7500 -2406	06.08.1979

Benutzung von Lautsprechern/Tonwiedergabegeräten/Musikinstrumenten;
Erteilung einer Ausnahmeerlaubnis

Gemäß § 5 Abs. 3 der Hessischen Polizeiverordnung über die Bekämpfung des Lärms in der Fassung vom 08.12.1970 (Gesetz- und Verordnungsblatt für das Land Hessen I, S. 745) wird Ihnen die jederzeit widerrufliche Ausnahmeerlaubnis erteilt,

<u>am Samstag, den 01.09.1979</u>

(in der Zeit von 15.00 Uhr bis 20.00 Uhr)

anläßlich eines Straßenfest in 6000 Frankfurt a.M., zwischen Oeder Weg und Eckenheimer Landstr. sowie Oberweg und Anlagenring, Lautsprecher, Musikinstrumente und Tonwiedergabegeräte zu benutzen.

<u>Folgende Auflagen und auflösende Bedingungen sind zu beachten:</u>

siehe Blatt 2 - Auflagen-Nr. 1, 2, 3, 4, 7, 8, 9 und 11.

- 2 -

1. Die Lautsprecheranlage, Musikinstrumente und Tonwiedergabegeräte dürfen nur in solcher Lautstärke benutzt werden, daß die Anwohner nicht mehr als nach den Umständen unvermeidbar beeinträchtigt werden.

2. Der für die Veranstaltung verantwortliche Leiter hat während der ganzen Dauer der Veranstaltung anwesend zu sein und Ordner in ausreichender Zahl zu seiner Unterstützung einzusetzen.

3. Die von der unvermeidbaren Ruhestörung betroffenen Anwohner sind rechtzeitig in geeigneter Weise über Art, Dauer und Notwendigkeit der Veranstaltung zu unterrichten und um Verständnis zu bitten.

4. Die Lautsprecheranlage, Musikinstrumente und Tonwiedergabegeräte dürfen nur in einer solchen Lautstärke betrieben werden, daß die Schallabstrahlung 75 dB (A) nicht überschreitet.
Die lautstärkenmäßige Begrenzung von 75 dB (A) wird eingehalten, wenn in einem Abstand von 15 m von der Schallquelle entfernt eine normal geführte Unterhaltung möglich ist.

5. Die Lautsprecheranlage, Musikinstrumente und Tonwiedergabegeräte dürfen nur in einer solchen Lautstärke betrieben werden, daß die Schallabstrahlung 60 dB (A) nicht überschreitet.
Die lautstärkenmäßige Begrenzung von 60 dB (A) wird eingehalten, wenn in einem Abstand von 10 m von der Schallquelle entfernt eine normal geführte Unterhaltung möglich ist.

6. Die Genehmigung ist nur gültig mit der vom Gartenamt zu erteilenden Erlaubnis für die Durchführung der Veranstaltung.

7. Berechtigten Wünschen beschwerdeführender Anwohner ist weitestgehend Rechnung zu tragen.

8. Etwaigen Anweisungen von Aufsichtsbeamten ist Folge zu leisten.

9. Rechte Dritter bleiben unberührt.

10. Die Verwaltungsgebühr beträgt DM........

11. Die Genehmigung ist gebührenfrei.

Im Auftrag

(Urthan)
Oberamtsrat

Stadt Frankfurt am Main

Der Magistrat
Ordnungsamt

Ordnungsamt (Amt 32), Postfach 11 92 67, 6000 Frankfurt am Main 2

Evgl.-luth.
St. Petersgemeinde
z.Hd. Pfarrer Jörg Panzer
Bleichstraße 44 II

6000 Frankfurt

Auskunft erteilt:	Zimmer
Herr Lenz	720
Durchwahl	Nebenstelle
7500 -	2523

Datum und Zeichen Ihres Schreibens	Unsere Zeichen	Datum
	32.21-Lz/He-	11.7.1979

Gestattung gemäß § 12 (1) Geststättengesetz vom 05. 05. 1970 (Bundesgesetzblatt I, Seite 465)

Gestattung vom - bis	Anlaß	Betriebsstätte
1.9.1979	Straßenfest	Oberweg u. Klitscherst Humboldtstr.u.Mittelweg

Verwaltungsgebühr
frei DM

Sehr geehrte Dame, sehr geehrter Herr!

Auf Ihren Antrag gestatten wir Ihnen jederzeit widerruflich Getränke und zubereitete Speisen an der angegebenen Betriebsstätte abzugeben.
Die Rechte Dritter werden durch diese Gestattung nicht berührt.
Die auf der Rückseite abgedruckten Hinweise sind zu beachten.

Für diese Gestattung sind von Ihnen die o. a. Verwaltungsgebühren zu zahlen.
"Diese Erlaubnis gilt nur vorbehaltlich der Erlaubnis des
Hochachtungsvoll   Straßenverkehrsamtes"
Im Auftrag

(Lenz)
Inspektor

ZUR BEACHTUNG

Diese Gestattung wird zurückgenommen, wenn bei der Abnahme oder während des Betriebes der Anlage Mängel festgestellt werden, die die allgemeine Sicherheit oder Ordnung gefährden oder wenn Auflagen, die zur Gefahrenabwehr erteilt worden sind, nicht erfüllt werden.

Spülanlagen müssen entweder an eine Wasserleitung angeschlossen sein, so daß das Wasser ständig erneuert wird, oder aus zwei Gefäßen von mindestens 50 l Inhalt bestehen, deren Wasser so häufig erneuert wird, daß es ständig sauber ist.

Lebensmittel müssen so verdeckt aufbewahrt werden, daß sie gegen Staub, Schmutz und Verderb geschützt sind.

Die gesamte Anlage muß äußerst sauber gehalten werden.

Anordnungen der mit der Überwachung beauftragten Beamten ist unverzüglich Folge zu leisten.

Nebenstehend die letzte Information - 14 Tage vor
Festbeginn. Sie wird an alle Haustüren im Stadtteil
gehängt.

Ein vervielfältigter Brief wird vier Tage vor Festbeginn in die Briefkästen aller Bewohner der Feststraße geworfen *(siehe Seite 138)*.

Drittes Treffen: 2 Tage vor Festbeginn.
Letzte Vorbereitungen und Durchdenken des Ablaufs.
Kontakt zur örtlichen Polizei und Presse.

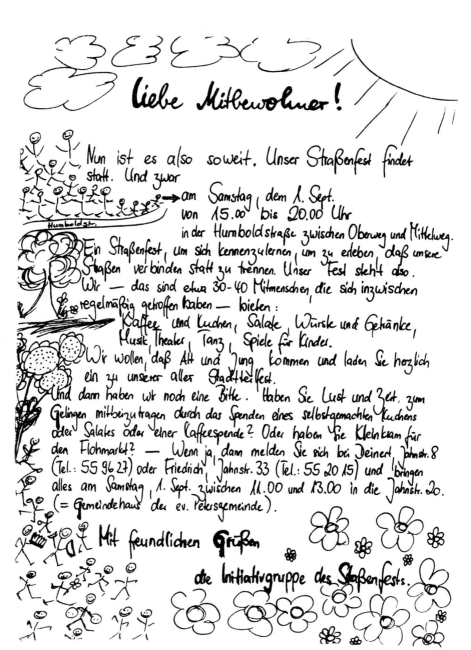

Liebe Mitbewohner!

Nun ist es also soweit. Unser Straßenfest findet statt. Und zwar

→ am Samstag, dem 1. Sept.
von 15.00 bis 20.00 Uhr
in der Humboldstraße zwischen Oberweg und Mittelweg.

Ein Straßenfest, um sich kennenzulernen, um zu erleben, daß unsere Straßen verbinden statt zu trennen. Unser Fest steht also. Wir — das sind etwa 30-40 Mitmenschen, die sich inzwischen regelmäßig getroffen haben — bieten:

Kaffee und Kuchen, Salate, Würste und Getränke, Musik, Theater, Tanz, Spiele für Kinder.

Wir wollen, daß Alt und Jung kommen und laden Sie herzlich ein zu unserer aller Stadtteilfest.

Und dann haben wir noch eine Bitte. Haben Sie Lust und Zeit, zum Gelingen mitbeizutragen durch das Spenden eines selbstgemachten Kuchens oder Salates oder einer Kaffeespende? Oder haben Sie Kleinkram für den Flohmarkt? — Wenn ja, dann melden Sie sich bei Deinert, Jahnstr. 8 (Tel.: 55 96 27) oder Friedrich, Jahnstr. 33 (Tel.: 55 20 15) und bringen alles am Samstag, 1. Sept. zwischen 11.00 und 13.00 in die Jahnstr. 20. (= Gemeindehaus der ev. Petersgemeinde).

Mit freundlichen Grüßen

die Initiativgruppe des Straßenfests.

27. Aug. 1979

Liebe Bewohner der Humboldtstraße
und liebe Autoparker!

Viele wissen es schon, aber vielleicht noch nicht alle:

    Wir feiern am Samstag, dem 1. Sept. 1979, von 15 - 20 Uhr,
    hier in der Humboldtstraße zwischen Oberweg und Mittelweg
    ein   S T R A S S E N F E S T   für unseren Stadtteil.

Sie sind davon besonders betroffen und so möchten wir Sie um
Nachsicht bitten, wenn Sie kein Interesse haben und um Mithilfe,
wenn Sie dieser Idee positiv gegenüberstehen.

Unsere Bitte an Sie: <u>Parken Sie bitte am 1. Sept. 1979 nicht
                    mehr in der Humboldtstraße!</u>

- Wir brauchen die besondere Hilfe wohl unten am Mittelweg;
  also von den Bewohnern der Häuser Humboldtstr. 1+3 und 2+4
  (Strom und Wasser).
- Wenn Sie etwas stört, wenden Sie sich bitte an uns (bei der
  Lautsprecheranlage am Platz Humboldtstr. 1+3 und 2+4).

Wir freuen uns, wenn Sie mitmachen können

und grüßen Sie freundlich

Für die Initiativgruppe

gez.   Jörg Panzer

<u>PS</u> Wir treffen uns am Mittwoch, 29. Aug. 1979, 20 Uhr, in der
Jahnstr. 20 (Gemeindehaus der St. Petersgemeinde) zu letzten Vorbereitungen und zum Durchdenken des Ablaufs.
Wenn Sie mitmachen wollen oder Fragen haben, kommen Sie einfach
dazu.

Das Fest

Etwa 1 000 Leute sind bei dem Fest gewesen, und obwohl vieles anders lief als geplant, muß es ein hinreißendes Fest gewesen sein. Ein Fest, das die Bewohner dieses Stadtteils machten. Da gab es keine Probleme mit Wasser- und Stromanschlüssen, mit dem Unterstellen von Getränken oder mit dem Aufbau von Tischen und Bänken. Jeder half mit. Das Schlangestehen bei den Getränken wurde zur Möglichkeit, miteinander zu reden und nicht nur schnell sein Getränk zu kaufen, um sich wieder auf seinen Platz zurückzuziehen. Bewußt wurde der Getränkeverkauf weit weg von den Tischen und Bänken aufgebaut, um so das Festsetzen zu vermeiden. Man mußte schon durch das Getümmel, um sich zu versorgen.
Als ich Jörg nach seinen wichtigsten Erfahrungen bei diesem Fest fragte, meinte er, das Fest war ganz anders als das, was ich mir zu Anfang in meinem Kopf vorgestellt habe. Ich habe gelernt, daß andere Leute auch Vorstellungen haben und sie einbringen, und daraus wird dann ein ganz anderes Fest, das für mich neu ist.
Ich überlege jetzt, was eigentlich sein muß, damit solch ein Fest gelingen kann:

- ein paar Leute, die ein Fest wollen;
- Diese Leute müssen bereit sein, andere Leute mit einzubeziehen, weil sie zusammen mit ihnen ein Fest machen wollen;
- Kleingruppen, die einzelne Bestandteile des Festes vorbereiten;
- einige Leute, die sich darum kümmern, daß alle Überlegungen und Planungen in den Kleingruppen zusammenkommen;
- die Bereitschaft zum Risiko und zum Mißerfolg. Was nicht einer in der Gruppe übernimmt, fällt aus. Es gibt keine Institution, die in Notfällen hilft.
- ein Raum für die gemeinsamen Treffen;
- die Möglichkeit zu improvisieren, d. h. nicht von bestimmten, vorgefaßten Meinungen, ästhetischen Vorstellungen und technischen Qualitäten auszuge-

hen (wenn zum Tanzen keine Verstärkeranlage da ist, tut es auch der Kassettenrecorder);
- die Bereitschaft, mit anderen zusammen zu feiern und nicht für sie etwas zu veranstalten, damit sie sehen, wie gut wir sind, wir Gruppen oder Institutionen.

Das Straßenfest war nur ein Anfang in diesem Stadtteil. Es folgten:

* eine Ausstellung
  zwei Monate nach dem Fest mit Bildern und Filmen vom Fest;

* eine Radtour
  zweieinhalb Monate nach dem Fest;

* eine Faschingsfeier
  etwa viereinhalb Monate nach dem Fest. Wichtigster Hinweis auf der Einladung: "Bitte unbedingt melden, da bei mangelnder Beteiligung das Fest ausfällt." - Und dann stehen da drei Namen und drei Telefonnummern.

* eine Radtour
  zehn Monate nach dem Fest.

Und jetzt im Juni 80 beginnt schon wieder die Vorbereitung für das zweite Straßenfest.

UMZÜGE

Auch im Märchen gibt es Umzüge. Mir fällt das Märchen "Schwan kleb an" ein. Da ist eine Gruppe von Menschen an einen Schwan festgeklebt, den ein Wanderbursche trägt. Er wandert durch die Gegend, die Angeklebten hinterher. Das erregt Aufmerksamkeit, Neugier, Spott, Schaulust.
Jede größere Stadt hat ihren Umzug. Historisch oder unhistorisch, aber was macht's. Zu jeder 700- oder 1200-Jahrfeier wird ein Umzug zusammengestellt. Die Umzüge, die die meisten Menschen heute anlocken, sind Karnevals- oder Faschingsumzüge.
Aber auch Prozessionen und Demonstrationen sind Umzüge, sich bewegende Information oder Karikatur, sich bewegendes Theater, sich bewegender Tanz, oft eingefrorener Protest; manchmal sind es historische Bilderbögen.

Ein unfreiwilliger Festzug

Bei einem Seminar im Schwarzwald hatten wir Masken, große Hände und Schwellköpfe gebaut. Wir hatten damit ein Stück entwickelt, und das wollten wir den Bewohnern des nahe gelegenen Dorfes zeigen. Wir meinten, dafür wäre der Platz vor der Kirche gut geeignet. Wir wollten gleich nach dem Gottesdienst spielen. Es war Sonntag. Wir setzten unsere Masken und Köpfe auf, schulterten ein altes Schaukelpferd, dem wir einen goldenen Kopf gemacht hatten und das auf einer Holzunterlage stand, und zogen schweigend in Zweierreihen sortiert in den Ort ein. Hinter uns die Sonntagsnachmittags-Autoschlange. Wir spielten, die Leute sahen zu, und wir gingen wieder.

Am nächsten Tag wurde ich als Seminarleiter zur Polizei gerufen. Ich sollte Auskunft geben, was das eigentlich war. Die Bürger des Ortes mutmaßten:
* eine Demonstration;
* ein Palmsonntagsumzug (denn es war Sonntag vor Ostern);
* ein Schweigemarsch;
* eine Verspottung der Bürger;
* ein Jux
und noch manches mehr.

Nach meiner Information folgte die Belehrung durch die Polizei: "Demonstrationen, Umzüge aller Art sowie Aufmärsche und andere Arten von Verkehrsbehinderungen sind bei der Polizei anzumelden."

Eine ganz andere Form, mit Umzügen umzugehen, haben wir in der Beratungsstelle in diesem Jahr ausprobiert. Wir waren nicht Teilnehmer des Zuges, auch nicht nur Zuschauer, sondern Spielanreger, Verstärker, Mitspieler:

Mitfeiern

Am Faschingsdienstag schließen nachmittags in Frankfurt die Büros und Geschäfte. Die Werktätigen haben einen halben Tag frei. Einziger Anziehungspunkt an diesem Nachmittag ist der Faschingszug in "Klaa-Paris" (gemeint ist Heddernheim, ein Stadtteil der Mainmetropole). Zum einhundertvierzigsten Male wälzte sich in diesem Jahr der "Zug" durch die engen Gassen, und 70 - 80 000 Menschen sahen zu.

Wir, eine Projektgruppe der Spiel- und Theaterwerkstatt, die am Thema "Mit Masken, Schminke und Bewegung experimentieren" arbeiteten, hatten uns in diesen Trubel hineinbegeben. Wir waren für dieses Fest gerüstet, hatten lange überlegt und Ideen gesammelt. Dabei war folgendes Konzept entstanden:

Zwei kleine, bewegliche Gruppen (vier bis fünf Personen) werden gebildet, die nicht irgend etwas aufführen oder besondere Aktionen machen. Jede Gruppe soll etwas bei sich haben, um Kontakt zu den dort Versammelten aufnehmen zu können. Ziel des Kontaktes sollte sein, kleine Spielimpulse zu geben und schon vorhandene Spielansätze zu verstärken. Die Gruppe sollte nicht nur etwas für andere tun, sondern selbst Spaß haben, dort zu feiern. Als Kontaktmittel waren ausgewählt worden:

* ein Bauchladen mit Schminke;
* ein Bauchladen mit einem Riechspiel (Fläschchen mit unterschiedlichen Gerüchen), einer Ideenbörse (wer mir eine Idee auf einen Zettel schreibt, dem gebe ich eine aus meinem Kasten);
* Tücher zum Brillenputzen, um die Dinge wieder deutlicher zu sehen.

Soweit das Konzept. Manche gute Idee mußte gestrichen werden, z. B. zu tanzen, Bewegungsschlangen anzuregen, andere Masken zu tragen als die schablonisierten, weil uns Leute fehlten und wir erst nur mit wenigen Erfahrungen sammeln wollten.

Am Faschingsdienstag trafen wir uns um 12 Uhr (der Zug begann um 14.30 Uhr). Wir aßen zusammen, besprachen nochmals den Ablauf, den Treffpunkt für die Verlorengegangenen, wo wir weiterfeiern, wer mit wem geht. Die Gruppe war größer geworden als ursprünglich geplant (13 Personen). Freunde und Bekannte waren mitgekommen, die nicht allein nach Heddernheim gehen wollten. Einkleiden, Schminken, Musikinstrumente mitnehmen - Trommel, Tamburin, Bongo.

Die ersten Schritte auf die Straße. Die Gruppe geht ganz eng zusammen, schützt sich, versucht, sicher zu werden. Einer spricht jemanden an und möchte schminken. Er bekommt einen Korb.
Dann sind da die Narren mit ihren Hütchen, Nasen, geschminkten Gesichtern, gekauften oder selbstgeschneiderten Kostümen oder Kostümteilen. Es kostet schon Mut, auf jemanden zuzugehen, ihn zu fragen: "Darf ich Sie schminken?" Ablehnung macht mutlos. Jeder Erfolg begeistert. Techniken entstehen: Einen Punkt mit einem Schminkstift auf die Nase zu setzen ist leichter, als die Nase zu schminken.

Wir bewegen uns mit den vielen, die sich in einer der Straßen einen Platz sichern wollen, von dem aus man was sieht. Den zweiten Bauchladen haben wir schon verloren. Sein Träger ist allein. Die ganze Gruppe hängt zusammen. Am Bauchladen versorgt man sich mit Schminkstiften und geht dann auf Leute zu, nimmt mit ihnen Kontakt auf. Auch Ablehnung heißt Kontaktaufnehmen. Wir werden auch gelobt, die Idee sei gut. Besonders diejenigen, die direkt von der Arbeit kommen, nehmen die Möglichkeit, geschminkt zu werden, dankbar auf. Kleine Grüppchen - und die wenigsten sind alleine - beweisen ihren Mut und lassen sich mit großem Hallo schminken.

Wir stehen schon einige Zeit an einem Platz hinter denen, die das Spalier bilden für den Zug, in Dreierreihen auf dem Bürgersteig. Ausruhen, an einem Platz bleiben, abwarten wie die vielen anderen. Sollen wir hier warten oder weitergehen? Die Entscheidung fällt für Weitergehen. Durchbruch durch die formierten Reihen auf die Straße, über die bald der Zug kriechen soll. Hier bestimmt eine andere Dramaturgie die Ereignisse. Links und rechts warten Leute. In der Mitte ziehen die, die entweder den Zug schon gesehen haben oder ihn gar nicht sehen wollen. Das ist fast so eine Art Vorprogramm. Man wird gesehen, spielt sich auf, zieht eine Show ab. Und wir dazwischen, entweder von denen, die da ziehen, in Anspruch genommen: "Komm, mach mir mal 'nen schwarzen Mund!", oder wir gehen auf die Wartenden zu: "Helau, na, da gehört doch noch Farbe ins Gesicht."
Unsere Ansprechformeln haben sich verändert. Ich habe alle Hände voll zu tun. Schminke Nasen, rote Wangen, ich benutze bewußt die Finger zum Schminken. Einige Minuten ganz engen Kontakt in dieser lauten Fröhlichkeit. Stillhalten, sich ausliefern, passiv sein, mit sich etwas geschehen lassen. Welch ein Kontrast. Der Abschied, das "Tschüß" und "Dankeschön" sind herzlich. Da ist zwischen uns was gewesen.
Ich weiß gar nicht mehr, wo die anderen sind. Die Vorhut des Zuges holt mich ein, die Sammler, um die hohen Unkosten zu decken. Dann ein Lautsprecherwagen, der aufmunternde Sammelsprüche verbreitet. Ich, verkleidet und geschminkt als Clown, mit dem Bauchladen dazwischen. Ich gehöre dazu, bin Vorprogramm. Der Kollege vom Schnapsverkauf, auch mit Bauchladen, begegnet mir. Wir nicken uns verständnisvoll zu. Als die berittene Polizei die letzten von der Straße drängt, gebe ich auch auf. Versuche, mich in die Wartenden einzureihen. Das ist kaum zu schaffen. Da steht ein Wall von Wehrhaften, die ihren Platz verteidigen. Ich werde weitergeschoben. Da winkt einer von der Gruppe, ganz hinter der Mauer der Erwartungsvollen. Ich nehme Anlauf und allen Mut zusammen und breche durch zu den anderen.

Sie sind erschöpft und frieren. Wir beginnen den Heimweg. Übersteigen Absperrungen, marschieren für kurze Zeit im Zug mit, kämpfen uns durch Menschenmauern. Und dann auf einmal ist Ruhe. Keine Musik mehr aus Dutzenden von Platzenspielern und Faschingskapellen. Keine Massen von Menschen mehr; eine leere Stadt und wir. Zwei Stunden sind wir unterwegs gewesen und fühlen uns zerschlagen. Das hat mehr Kraft gekostet, als wir ahnten.

In der warmen Stube bei Gulaschsuppe, Brot und Bier feiern wir weiter, ganz ruhig, erschöpft, glücklich oder auch böse über das gerade Erlebte. In den Gesprächen taucht immer wieder die Angst auf:

* Angst, abgelehnt zu werden,
* Angst, die Gruppe zu verlieren,
* Angst vor den vielen Leuten.

Da sind aber auch Geschichten von geglückten Begegnungen:

- dem Jungen, der mir eine Apfelsine schenkte;
- dem jungen Mann, der sich selbst weiterschminkte;
- der Gruppe, die sich Zeit ließ, geschminkt zu werden;
- dem Ehepaar mit Kind im Traggestell-Rucksack.

Es war vieles fremd für uns, machte uns unsicher. Aus der Rolle der Macher kamen wir kaum raus. Wir konnten nicht zu Mitfeiernden werden.
Einige Versprengte kommen später und werden mit Hallo empfangen. Sie erzählen von ihren Erfahrungen.

Was haben wir bei diesem Unternehmen herausgefunden?
- Der "Zug" ist der Anlaß dafür, daß 70 - 80 000 Menschen sich an einen Ort begeben, aber für viele nicht alleiniger Inhalt. Da stehen zum Beispiel: noch andere treffen, Blödsinn machen, bummeln, beobachten, was erleben im Vordergrund.
- Da außer dem "Zug", einer Vielzahl von Getränkeständen und Plattenspielern, die die Bewohner in

die Fenster stellen, nichts geschieht, gibt es eine
erhebliche Anzahl von Menschen, die bereit sind,
jeden zusätzlichen Impuls aufzugreifen.
- Soll diese latente Bereitschaft verstärkt werden,
ist es notwendig, Spielformen aufzunehmen, die dort
vorhanden sind, zum Beispiel tanzen, bewegen, Masken, Maskenteile, Schminke, Kostüme, große Puppen,
und sie in die dort herrschende Dramaturgie einzubauen, d. h. beweglich zu sein, schnell veränderbar, improvisieren zu können, kurz Dinge zu tun.
Nicht gegen die Leute zu spielen, mit ihnen spielen, in kleinen Gruppen aufzutreten.
- Spiel so einzubringen, bedeutet für eine Gruppe
äußerste Belastung. Denn alle Hilfsmittel oder Statuszeichen, wie Bühne, Spielraum, Position des
Spielleiters, fallen weg. Es bleibt vielleicht das
Kostüm und die geschminkte Maske. Aber das muß bewußt werden, um die Sicherheit verstärken zu können.
Große Schwierigkeiten bereitet, Spieler und gleichzeitig Mitspieler zu sein, und nicht nur einer, der
für andere was tut.
- Sollen die letzten kollektiven Feste nicht total
langweilig und durchgeplant werden oder mit einer
Fröhlichkeit, die aufgeputscht ist, kaputtgehen,
ist es dringend notwendig, daß die vielen Theater-,
Spiel-, Medien- und Kulturgruppen sich mit ihren
Erfahrungen dazwischen begeben und mitfeiern -
nicht vorfeiern.

Ideen, die wir hatten, als wir daran dachten, aktiv bei einem Faschingszug dabeizusein

* Leute schminken
* Verschiedene Leute einbeziehen
* Ein Bauchladen mit
  Riechfläschchen
  Kicherwasser
  roten Nasen
  Schminke
  Tüten, um Erlebnisse einzupacken
  Papier, um größer zu sein, damit man den Zug sieht
  einer Scherenhand
* Kordel, um Leute zusammenzubinden
* Nasen putzen,
* Bissen in den Mund stecken
* Kiste mitnehmen, um überall Reden halten zu können
* Tanzformationen anregen
* Tauschen
* Weiße Gesichter schminken
* Teufelstanz machen
* Leute erschrecken
* Masken tragen, die nicht faschingsüblich sind
* Weite Gewänder haben
* Schminkaktionen auf der Straße
* Gipsmasken machen
* Musik
* Bewegung machen
* Leute einbeziehen
* Tanzen in den Straßen
* Punkt auf die Stirn setzen
* Ein Hut-Lüfte-Automat
* Gruppentalar tragen
* Schminkel mitnehmen
* Straßenmusikanten
* Feuerspucker
* Jongleure
* Fliegender Teppich, auf dem man Szenen spielen kann
* Mit Kordel Leute verspannen
* Brillen putzen
* Zigeunerinnen haben, die Handlesen können

* Wertlose Dinge verkaufen
* Große Puppen mitnehmen
* Spazierstockfuß dabei haben
* Mit einem Drachen losziehen
* Flohzirkus machen
* Harlekin spielen
* Hexen

Wir haben über diese Ideen dann gesprochen und sie nach folgenden Kriterien bewertet:

- Was ist mobil genug, um ständig in Bewegung bleiben zu können?
- Was läßt sich auf der Straße tun, wenn es kalt ist?
- Was läßt sich tun, wenn Leute es eilig haben, zum Zug zu kommen, und auf ein anderes Ereignis warten als auf unsere Vorführungen?

Wir haben aus den vielen Ideen einige ausgewählt. Das waren:

* Schminken
* Gipsmasken machen
* Brillen putzen
* Fliegender Teppich
* Feuerspucker
* Pantomime
* Tanz
* Bauchladen
* Masken
* Erschrecken.

Dann wurde geklärt, ob es möglich ist, mit den vorhandenen Personen und unter diesen besonderen Bedingungen das zu tun. Wir grenzten ein auf

* Schminken
* Bauchladen
* Brillen putzen.

Erfahrungen mit dem Bauchladen

Ich baue den Laden selbst. Ein Obstkistchen nehme ich. Aus Abfallpappe baue ich Fächer hinein, etwa zwölf. Mit Plakafarbe male ich die Kiste bunt an, innen und außen. Ein breiter Stoffstreifen wird zum Tragegurt mit dem Tacker angeheftet.

Ich fülle den Laden:
In eines der größeren Fächer kommen meine Riechfläschchen, mit denen ich in letzter Zeit bei verschiedenen Gelegenheiten gespielt habe: gute, angenehme, überraschende, geheimnisvolle, starke Gerüche, eingeschlossen in kleine Glasflaschen mit Schraubdeckel; ätherische Öle aus der Apotheke, in einen Wattebausch geträufelt, z. B. Zitrone, Melisse, Lavendel, Thymian, Eukalyptus. Gewürzpulver, wie Muskat, Pfeffer, Dillspitzen. Flüßigkeiten, wie Zuckerrübensirup, Tri-Top-Kirschsirup, Birkenhaarwasser. Stückchen von Gewürzgurken, frisch geschnittener Schnittlauch.
In anderen Fächern verstaue ich allerlei Krimskrams, den ich im Schreibtisch habe oder aus dem Spielzeugberg meiner Kinder heraushole: ein Bildchen, eine Glasmurmel, eine große Büroklammer, Sicherheitsnadeln, Wäscheklammern, Kordelstücke, ein paar Luftballons, ein paar rote Clownsnasen aus Tischtennisbällen.
Die Ideenzettel kommen in ein weiteres Fach, dazu ein paar Filzstifte: viele leere Zettel im Postkartenformat. Auf zehn Stück etwa habe ich schon ein paar Ideen geschrieben - was man hier beim Faschingszug machen könnte: Jemandem eine rote Nase anmalen, jemandem einen Kuß geben, einen Polizisten im Tanz drehen, sich auf eine Mauer stellen und ein Gedicht laut aufsagen, die Augen fünf Minuten schließen und den eigenen Faschingszug bewundern.
Der Bauchladen ist nicht voll. Ich überlege, was ich noch hineintun kann: Zwei oder drei Fächer fülle ich mit Bonbons. Zwei Schminkstifte ergänzen das Sortiment. In einer Ecke verstaue ich eine kleine Steinhägerflasche gefüllt mit Mineralwasser. Dazu kommen ein paar schlanke Reagenzgläser.

Ich mache mich auf den Weg. Beim Probetragen merke
ich, daß mein Laden ziemlich schwer geworden ist. Ob
ich den ein paar Stunden werde schleppen können?
Aber ich sage mir: Wir sind ja mehrere Leute. Da kann
man sich abwechseln.
Jemand aus unserer Gruppe schminkt mir das Gesicht mit
bunten Kreisen und Strichen. Dazu ziehe ich mir einen
linksgewendeten alten Morgenmantel an, auf den Kopf
stülpe ich einen weichen Hut. Jetzt fühle ich mich sicher genug, um mich ins Gewühl von "Klaa-Paris" zu begeben. Und das Gewühl nimmt mich schnell und immer
stärker in sich auf. Anfängliche Angst und Unsicherheit verfliegen. Ich kann eine Rolle spielen, in der
ich mich wohlfühle, die ich genieße. Ich bleibe bei
Leuten hängen. Ich merke gar nicht, daß ich die Gruppe verliere, die sehr viel schneller ist als ich. Ich
vermisse sie auch für die nächsten zwei Stunden nicht.

Der Bauchladen stellt Kontakte her.
Sehr schnell wird mir deutlich, wie wichtig und hilfreich der Bauchladen ist. Er erregt Neugier und zieht
Blicke an. So stellt er ohne mein Zutun einen ersten
Kontakt her. Die Augen und oft auch die Münder fragen: "Was hast Du denn da?" Ich brauche nur näher zu
kommen, stehenzubleiben und zu antworten: "Das ist
eine Spielkiste." Die Leute wollen es genauer wissen:
"Hast Du etwas zu verkaufen?" Oder: "Darf ich mal
reingucken?" Oder: "Was kann man denn damit machen?"
Ich antworte: "Zu verkaufen habe ich nichts. Aber Ihr
könnt was aus meiner Kiste haben. Ich tausche mit
Euch. Oder Ihr könnt mal raten, was in meinen Riechfläschchen ist. Oder ich hab' gute Ideen. Zu trinken
gibt's auch was."
Und schon sind wir mitten im Spiel, bleiben je nach
Interesse bei einer Sache hängen, probieren Verschiedenes aus. Der Bauchladen ist wie eine Spielkiste, um
die sich Leute versammeln. Sie zieht an, erregt Aufmerksamkeit, amüsiert und hilft, die Zeit zu vertreiben, die vielen Zugbesuchern schrecklich lang und
langweilig wird, bis der Zug endlich an ihrem Standplatz vorbeikommt.

Die verschiedenen Spiele

Der Krimskrams:
Er ist vor allem das Spiel der Kinder. Für sie ist diese Abteilung wie eine Schatzkiste. Ich sage jedesmal: "Du darfst Dir etwas herausnehmen. Aber dafür mußt Du mir etwas anderes geben." Viele fangen an, in ihren Taschen zu wühlen. Sie merken schnell, daß sie oft gar nichts dabei haben, auf das sie verzichten können. Geld lehne ich ab. Abgefahrene U-Bahnkarten, alte Kinobilletts kommen zum Vorschein. Aber auch die finden später wieder ihre Liebhaber, besonders wenn sie aus Lyon stammen.

Das Riechspiel:
Das Riechspiel ist das wichtigste Spiel - vor allem zum Anfang und für Erwachsene. Ich sage jedesmal: "Ich hab' hier verschiedene gute Gerüche in meinen Fläschchen. Wollt Ihr mal raten, welche?" Und dabei habe ich schon das erste Gläschen in der Hand (so, daß man den Inhalt nicht sehen kann), schraube den Deckel ab und will es den Leuten unter die Nase halten.
Sehr schnell muß ich diese Eröffnung ändern, muß mich selbst stärker einbeziehen, muß selbst als erster am Fläschchen riechen. Denn fast alle Leute haben Angst, ich wolle sie reinlegen. Sie erwarten Niespulver, Tränengas, Salmiakgeist, Pfeffer in die Augen. Ich erschrecke über diese Erwartungshaltung. Sie zeigt, daß "Humor und Witz" an Fasching vor allem heißt: jemanden verarschen, jemanden zum Narren halten, ihn so behandeln, daß ich und andere über ihn lachen können. Aber ich rieche selbst an meinen Fläschchen, ich zeige, wie harmlos sie sind; die anfängliche Angst ist schnell weg. Eine Riechprobe nach der anderen wird von mir herumgereicht. (Es sind immer sehr schnell eine ganze Reihe von Leuten, die mitmachen.) Erst wenn alle geschnuppert haben, darf laut geraten werden. Die Ergebnisse sind ganz unterschiedlich. Es ist aber auch gar nicht so wichtig, ob man richtig geraten hat. Viel mehr Spaß macht es, sich einmal auf

den Geruchssinn zu konzentrieren und unterschiedliche, neue oder altbekannte Düfte zu spüren, zu genießen, zu vergleichen. Der Zuckerrübensirup oder das Birkenwasser weckt lang vergessene Erinnerungen: "Den haben wir nach dem Krieg gegessen." "Das Haarwasser hat sich mein Opa jeden Tag ins Haar gebürstet."

Die Ideenbörse:
Sie ist vor allem das Spiel der Jugendlichen, die auf den Mauern an der Straße sitzen und gelangweilt auf den Zug warten. Einen Zettel nach dem andern schreiben sie, um eine neue Idee zu bekommen. Ich merke sehr schnell, daß sie ihre sexuellen Wünsche in eindeutiger Weise aufschreiben. Kein Wunder, daß sie über meine nicht so handfesten Vorschläge nur verlegen oder enttäuscht lachen können.
Ein paar andere Beispiele: "Die Leute sollen nicht so blöde Gesichter machen." "Bring einen todernsten Narren zum Lachen." "Die Kinder sollen mit auf die Karnevalswagen gehen." "Andere Leute Bier trinken lassen."

Das Wasser in der Schnapsflasche:
Auf Rückfrage preise ich den Inhalt der Flasche als "Lachwasser" an. Halbwüchsige hoffen, auf diese Weise zu einem billigen Schnaps zu kommen. Jedem, der will, schenke ich einen Schluck in eines der Reagenzgläser. Wenn möglich, lasse ich mir etwas für den Krimskrams geben. Und die Wirkung ist fast immer die gleiche: Nach einigem Hin und Her (ich habe immer wieder versichert, es sei "Lachwasser", man müsse es probieren, man werde schon merken, daß es Lachwasser sei) trinkt einer, verzieht enttäuscht oder verblüfft das Gesicht. Die Umstehenden fangen an, laut zu lachen. "Seht Ihr: Lachwasser!" Oder der "mutige" Trinker verzieht keine Miene, verdreht vielleicht sogar die Augen, stöhnt: "Wie gut!" und reicht den Rest an den besten Freund weiter und sagt: "Ein toller Schnaps!" Und dann hat er Grund zum Lachen, wenn der andere "nur" Wasser trinkt. - Bei einer Gruppe sehr fröhlicher und lauter Männer werde ich reich beschenkt: Für den Schluck Wasser erhalte ich aus ihrer Weinbrandflasche einen ganzen Becher voll.

Ich kehre um:
Zwei Stunden lang bin ich in den Straßen herumgelaufen, habe mit Leuten gespielt, ein paarmal einige Nasen rot geschminkt. Jetzt holt mich der Zug ein. Die Atmosphäre ändert sich: Ich merke, wie müde ich bin. Alle konzentrieren sich jetzt auf die ewig gleichen Musikkapellen und Gardekorps und Motivwagen, machen vor allem Jagd auf die Bonbons. Ich stehe plötzlich hinter den Zuschauern, merke, daß ich nicht mehr dazugehöre. Der Bauchladen hindert mich, zwischen die Leute zu gehen, mitzuwinken, mitzuschunkeln. Jetzt wäre ich ihn gerne los. Jetzt fehlen nur die andern aus der Gruppe. Ich mache mich auf den Heimweg.

(Paul Martin Clotz)

Was läßt sich bei einem Umzug alles tun?

Darauf läßt sich nur antworten: alles, alles was möglich ist.
Die Frage ist nur, was eine Gruppe tun möchte, welche Ziele sie verfolgt, wenn sie bei einem Umzug mitmacht. Will sie

- auch mit dabeisein?
- im Rahmen dessen bleiben, was die anderen auch tun?
- bewußt besser sein als die anderen?
- Leute unterhalten und ihnen Spaß machen?
- Mitteilungen machen über die Gruppe, die Gemeinde oder über Inhalte?

Ich gehe einmal davon aus, daß eine Gemeinde über ihre Arbeit bei einem Faschingsumzug informieren möchte:

- Ideensammlung; was geschieht alles in der Gemeinde, worüber läßt sich informieren?
- Läßt sich mit dem Namen der Gemeinde des Ortes etwas anfangen? Zum Beispiel heißt ein Ort Lämmerspiel. Ein Bild ist sofort da. Lämmer spielen auf der grünen Wiese, oder sie spielen mit einem Pfarrer im Talar.
- Gibt es wichtige Ereignisse aus der Geschichte der Gemeinde, die mitteilenswert sind?

Ich nehme einmal an, man entscheidet sich mitzuteilen, daß eine Gemeindegruppe daran arbeitet, eine unsinnige Schnellstraße durch ein Waldgebiet zu verhindern.

1. Bildideen sind zu entwickeln:
    - ein Auto, das Bäume frißt;
    - ein Stück Schnellstraße - von Kreuzen umstellt. An die Kreuze sind geschlagen: ein Busch, Blumen, ein toter Hase, eine Lunge aus Plastik, eine nackte Puppe .
    - ein Baum in einem Pflanzkübel, dazu ein Schild: "Der letzte Baum, zu besichtigen werktags von 10 bis 16 Uhr".

2. Auswahl der Bildidee. Prüfen, ob sie zu verwirklichen ist und welche Wirkung sie hat.

Ich nehme einmal an, ausgewählt wird das Bild: "Ein Auto, das Bäume frißt".

1. Wie soll das Bild umgesetzt werden?
   - realistisch; ein echtes Auto, das echte Bäume unter sich begräbt.
   - abstrahiert; ein großes Maul, das aussieht wie ein Autokühler, verschlingt einen Baum.
   - gegenständlich; Baum und Auto werden nachgebildet.
   - flächig; die Gegenstände werden aufgemalt, oder sie werden auf Holz gemalt und als Flachfiguren ausgesägt.

2. Wie soll das Bild im Umzug bewegt werden?
   - auf einen Traktor montiert;
   - auf einen Handwagen gestellt;
   - von mehreren Personen auf den Schultern getragen.

Entscheidung: Das Bild soll getragen werden.
(Wenn es um den Angriff auf das Auto geht, wäre es sonderbar, das Auto als Transportmittel zu benutzen.)

Das Bild wird gebaut, ein großes Maul aus Maschendraht geformt und mit Sackleinen, Agoplast oder mehreren Lagen Packpapier bezogen und angemalt. In das Maul hinein ragt ein junges Birkenbäumchen mit Wurzeln. Die Wurzeln stecken in einem Erdballen. Der Baum wird da ausgegraben, wo die Schnellstraße gebaut werden soll. Die Gegenstände sind auf einer Holzplatte montiert, seitlich an der Platte sind zwei Tragestangen angebracht, so daß etwa acht Leute das Bild tragen können. Die Träger haben Kapuzen über den Kopf gestülpt und können nur durch Augenschlitze sehen. Sie sehen aus wie Henker auf alten Bildern.
Nach dem Zug wird das Birkenbäumchen in einem Park oder auf einem Spielplatz eingepflanzt. Am Baum wird

ein Schild angebracht: "Dieser Baum konnte gerettet werden, aber vielleicht baut man hier auch bald eine Straße".

Die Ideen, die hinter dieser Umsetzung stehen, heißen:

- Zusammenhänge herstellen.
- Das, was ich angreife, nicht selbst tun (zum Beispiel Bäume fällen, nur um die gefällten Bäume zeigen zu können).
- Nicht die strittigen Themen ausklammern und nur harmonische Bilder bauen.
- Zum Nachdenken auffordern.
- Einprägsame Bilder gestalten.
- An das Bild weiter erinnern durch den eingepflanzten Baum (das war der Baum, der ...).

SPIELUMWELT GESTALTEN

FERIENSPIELE

Es begann mit einer Idee im Juni: mit denjenigen Kindern in den Ferien etwas zu machen, die sich langweilen, keine Abwechslung durch lukrative Urlaubsreisen haben und traurig sind, weil alle Gruppen in den Ferien pausieren.
Wir hatten keine große Vorstellung, wie das laufen könnte. Wir, das waren zunächst Lothar und ich und - nach einer kurzfristigen Einladung - ca. zehn ehrenamtliche Mitarbeiter, fünf Jugendliche und fünf Erwachsene. Wir entwarfen ein vorläufiges Programm für die zwei Ferienwochen im Juli und hofften auf Kinder - vor allem zum ersten Treff.

Juli

Di, 17.: Umzug mit Würstchengrillen
Do, 19.: Wanderung nach Bad Homburg
Fr, 20.: Gräser, Blumen, Steine sammeln und damit basteln
Di, 24.: Schmuck aus Fimo, Marionettenpuppen herstellen
Do, 26.: Radtour nach Eschersheim
Fr, 27.: Fußgängerrallye
Di, 31.: Altbekannte Spiele im Freien (Sackhüpfen, Eierlaufen etc.)

August

Do, 2.: Gruppenspiele, Wettspiele
Fr, 3.: Kasperköpfe u. a. aus Masse, die an der Luft trocknet
Di, 7.: Schatzsuche
Do, 9.: Geländespiel

Fr, 10.: Masken machen (Gipsmasken und Masken aus
        Papiertüten
Di, 14.: Radtour
Do, 16.: Pizzabacken
Fr, 17.: Abschlußfest

Das waren die Programmpunkte. Einige der Mitarbeiter waren "Spezialisten" für die angegebenen Themen. Frau W. kannte den Spielplatz für die Fahrradtour; Frau S. erklärte sich bereit, aus sechs Pfund Mehl Hefeteig für das Pizzabacken zu machen; einige Jugendliche klügelten den Weg für die Schatzsuche aus; und ich wollte mal ausprobieren, mit 30 Kindern auf einmal Gipsmasken zu machen.

Aber es kam auch häufig anders als geplant: Entweder waren es mehr Kinder oder zu wenige Mitarbeiter, eine durch Regen verhinderte Schatzsuche, oder das Material ging aus. Alles in allem mußten wir viel improvisieren und uns auf eine offene Arbeit einstellen, was wir uns zu Beginn der Ferienspiele gar nicht so klargemacht hatten. Doch es hat Spaß gemacht - das kann ich jedenfalls von mir und dem, was ich beobachtet habe, sagen, und das hörten wir immer wieder von den Kindern während und nach den Ferienspielen. Kurzerhand entschlossen wir uns, als das Ende der Ferien näher rückte, ein Abschlußfest zu machen - mit Flohmarkt, Tombola, Ausstellung, Würstchen, Waffeln, Marionettenpuppen, Dosenwerfen und einigen Müttern.

Hier noch einige Daten:
FS-Zeiten: Die Kinder konnten dreimal pro Woche kommen, und zwar dienstags und freitags von 9 - 12 Uhr und donnerstags von 15 - 18 Uhr, die ganzen Ferien über.

Beginn: Dienstag, 17. Juli, mit einem Umzug durch
          Nieder-Eschbach und Abschluß mit Würstchen-
          grillen auf der Wiese.

Ende: Freitag, 17. August, mit Abschlußfest
          (14 - 19 Uhr)

FS-Räume: Gemeindezentrum mit Gemeindesaal und einem Jugendraum im Keller. Bei schönem Wetter im Freien.

FS-Zahlen: In den ersten zwei Wochen ca. 30 Kinder, in den letzten zwei bis drei Wochen 40 - 50 Kinder. Höhepunkte waren das Pizzaessen, das Maskenmachen und das Abschlußfest.

FS-Werbung: Da wir uns spät entschlossen hatten, kam nur eine Meldung im Juli/August-Gemeindegruß: eine Seite Einladung. Eine Woche vor Beginn der Ferienspiele malten wir noch zehn Plakate, die an wichtigen Stellen Nieder-Eschbachs aufgehängt wurden.

FS-Kinder: Wir hatten Kinder zwischen 8 und 15 Jahren eingeladen, der Durchschnitt lag bei 11 - 12 Jahren. Für die älteren war das Angebot nicht groß genug. Viele Kinder kamen aus gemeindefernen Familien, die nur durch das Angebot der Ferienspiele in die Gemeinderäume gekommen waren.

(Marliese Holthausen)

HOF- UND STRASSENMALAKTION

Im Burckhardthaus fand ein Kurs zum Thema Spielaktionen statt. Eine der Aktionen war das Bemalen der ca. 320 m² großen Hoffläche. Für die Vorbereitung und Durchführung standen drei Tage zur Verfügung.

Vorbereitung

Bevor das Malen beginnen konnte, wurden die verschiedenen Mitarbeitergruppen der Fortbildungsstätte und des Verlages um ihre Meinung gefragt und um Vorschläge gebeten.

Um uns ein möglichst umfassendes Meinungsbild zu verschaffen, bezogen sich unsere Fragen auf
- *die grundsätzliche Einstellung zum Bemalen dieser Fläche,*
- *die Farbvorstellungen (leuchtende Farben oder Pastelltöne),*
- *die Motivwünsche (abstrakt oder gegenständlich konkret),*
- *die Lust, mitzumalen und mitzugestalten,*

... schreiben die Teilnehmer des Kurses in einem Protokoll.
Die Befragung ergibt viele negative Reaktionen, aber auch manche Anregungen, z. B. Märchenbilder zu malen, aber keine Tiere, weil man nicht über Tiere gehen oder fahren möchte.

Wir einigten uns auf das Thema "Vier Jahreszeiten", da unserer Meinung nach hierbei für jeden die Möglichkeit bestand, sich durch Farben und Symbole aus-

zudrücken. Wir beschlossen, zwei Untergruppen zu bilden:

- für den Ablauf und die organisatorischen Aufgaben;
- für die Erstellung eines Entwurfs mit Farben und Formen.

Die Organisationsgruppe stellt einen Plan auf, was alles erledigt werden muß:

1.	Musik für draußen	Wolfgang ansprechen
2.	Plakate erstellen und anbringen	alte Kleider mitbringen, wir haben auch welche
3.	Wasser aufstellen	Hausmeister fragen, Schlauch anschließen, Schüsseln; Pinsel und Schalen sofort ausspülen, nicht erst antrocknen lassen
4.	Was wir mit dem Malen wollen	Flugblatt erstellen, verteilen
5.	Alte Lappen	für Farbe / Küche fragen
6.	Absperrungen	Treppen sperren, Umleitungsschilder
7.	"Malregeln"	vervielfältigen, aufhängen
8.	Verkleidung	Schutzkleidung zur Verfügung stellen
9.	Schminken	wer will, Sachen runterbringen
10.	Einladung zum Malen und zum Fest	Ausrufer mit Trommel, Text erstellen, vervielfältigen, aufhängen
11.	Platz fegen am Maltag	Besen organisieren / Küche befragen
12.	Malen wie man will	Stellwände bauen, Hinweisschild

Die Entwurfgruppe überlegt Farbzusammenstellungen, macht Entwürfe von Symbolen, die als Malvorlage dienen sollen, und kauft Material ein. Sie entwickelt einen Plan, wie die Flächen gestaltet werden können:

Den langen Weg einteilen in vier Felder (Winter, Frühling, Sommer, Herbst), auf dem Vorplatz das Mühlefeld, drumherum vier Felder für die Jahreszeiten.

Die bisherige Arbeitsweise der Gruppe hat sich als gut erwiesen. Sie faßt ihre Erfahrungen in einigen Sätzen zusammen:

Folgendes hat sich als sehr vorteilhaft erwiesen:
- *Plan zu erstellen über die einzelnen Schritte; daran konnte eine sinnvolle Reihenfolge erstellt werden.*
- *Aufteilung in Untergruppen für die verschiedenen Bereiche Entwurf und Organisation.*
- *regelmäßige Treffen der Untergruppen, damit die Arbeit zwar parallel, aber nicht isoliert voneinander erfolgt.*
- *rechtzeitig anzufangen, weil die Zeit schnell weg ist; wir sind zwar gut hingekommen, aber es hätte auch nichts Unvorhergesehenes passieren dürfen - wir hatten keine Luft für irgendwas.*

Die Malaktion

Die Maler teilten sich auf in fünf Gruppen, vier Gruppen den Jahreszeiten entsprechend, eine fünfte Gruppe wollte die Gestaltung des Mittelplatzes vornehmen.

1. Arbeitsschritt: Absprache in den Arbeitsgruppen über Thematik und Ausführung.

2. Arbeitsschritt: Absprache mit den angrenzenden Arbeitsgruppen, um die Bildübergänge aufeinander abzustimmen.

3. Arbeitsschritt: Ausführung.

4. Arbeitsschritt: Aufräumen und Reinigen des Arbeitsmaterials.

Information zur Aktion für Beteiligte und Gäste

Begründung des Themas:
Zu einer der vier Jahreszeiten kann sich wahrscheinlich jeder emotional zuordnen und Assoziationen verbinden.

Malanleitung:
- Das Straßenpflaster wurde in fünf Abschnitte aufgeteilt (vier Jahreszeiten und ein Platz für ein Mühlespiel, in das ursprünglich noch einmal die vier Jahreszeiten kopiert werden sollten).
- Die Übergänge zwischen diesen Abschnitten sollten fließend gestaltet werden, d. h. notwendige Voraussetzung: Absprache mit den anderen Arbeitsgruppen.
- Es sollte möglichst großflächig, nicht zu sehr ins Detail gehend gearbeitet werden.

Überlegungen zur Aktion

Dauer:
Gearbeitet wurde von ca. 11 bis ca. 17 Uhr. Die Aktion dauerte länger als vorher geplant war.

Material:
Für die zu bemalende Fläche von ca. 320 m² wurde ca. 1 kg Farbe/m² benötigt. Diese Dispersionsfarbe gibt es in relativ preiswerten großen Eimern. Schwierig war es, die Menge im voraus zu kalkulieren. Es mußte noch mehrmals nachgekauft werden.

Aufräumphase:
Das äußerst schwierige Reinigen der Pinsel und Farbtöpfe wurde nicht in den einzelnen Gruppen vorgenommen, sondern alles Material wurde zusammengetragen. Das hatte den Nachteil, daß sich die Aufräumphase zu sehr in die Länge zog. Wir waren durch das Malen so geschafft, daß wir keinen Nerv mehr hatten, sauberzumachen.
Ein Tip:
- *Statt Schüsseln, die gereinigt werden müssen, große Blechdosen verwenden, die man hinterher wegwerfen kann.*
- *Pinsel, die nicht gebraucht werden, in Wasser einweichen, weil die Farbe sonst eintrocknet.*

Reaktionen und Einbeziehen von Außenstehenden:
- *Einige Betrachter, die der Aktion skeptisch gegenüberstanden, äußerten sich später positiv.*
- *Durch die Verschiedenartigkeit, mit der die einzelnen Themen angegangen wurden, kann der Betrachter eine Stelle finden, die ihm zusagt.*
- *Zahlreiche Mitarbeiter und Teilnehmer anderer Kurse betrachteten den Fortschritt der Straßenmalerei mit großem Interesse und gaben zahlreiche Anregungen. Aktive Beteiligung erfolgte nur sehr spärlich und zögernd. Einige Kinder machten spontan und begeistert mit.*
- *Flexibilität; von den Malenden wurden Anregungen von Betrachtern aufgegriffen und verwendet.*

STRASSENMUSIKANTEN

Einige Erfahrungen eines Gitarrenspielers:
Ich komme jeden Tag an der Hauptwache in Frankfurt vorbei, muß in diese riesige, unterirdische Ebene, um die U-Bahn zu nehmen. Fast jeden Tag sehe ich dort Leute, die anderen irgend etwas zeigen: singen, malen, Musik machen, reden. Das ist ein guter Platz - denke ich mir -, das probierst du auch mal.
Ich spiele Gitarre und singe dazu Folk aus vielen Ländern. Ich habe schon oft vor Publikum gespielt, in Jugendzentren, bei Amnesty-International-Veranstaltungen, auf Festivals, aber noch nie in einer Situation wie dieser: die Leute haben es eilig ... die Leute sind nicht da, um zuzuhören ... es gibt viele, viele Lärmquellen ... es gibt keine Verstärkeranlage ...
Das macht angst, vor allem, wenn man an Publikum gewöhnt ist, das still dasitzt und nur zuhören will.

Als ich dabei bin, meine Gitarre auszupacken, beobachtet mich niemand. Dann muß ich eben auf mich aufmerksam machen, denke, es müßte ein laut zu singendes, zu verstehendes, deutsches, vielleicht spannendes Lied sein: "Charly" von Hannes Wader. Es funktioniert, die ersten Leute bleiben stehen - junge Leute. Es werden mehr, auch ältere nehmen sich Zeit. Jemand kommt auf mich zu mit Geld in der Hand. Daran habe ich eigentlich gar nicht gedacht, will auch kein Geld. Aber da ist nichts zu machen, ich muß meinen Pullover nach vorn legen, damit die Leute ihre Groschen reinlegen können.
Ich habe mich nachher erkundigt, ob das ohne Gewerbeschein eigentlich erlaubt ist, und habe erfahren, daß

man Geld nehmen darf, nur verlangen darf man es nicht, also zum Beispiel mit Preisangabe oder so.

Nachdem ich dann ein paar bekannte, laut zu singende Songs von mir gegeben habe, bei denen die Leute zum Teil mitgesummt haben (Universal Soldier, Blowing in the wind, Heart of gold) will ich auch mal leisere Sachen, vielleicht im Fingerpicking probieren. Die Zuhörer stehen im Halbkreis vor mir in ca. 6 - 7 m Abstand. Ich weiß, daß sie bei dem Lärm drumherum das Picking unmöglich hören können, und bitte sie, doch etwas näher zu kommen. Ohne zu zögern, machen fast alle ein paar Schritte auf mich zu.
Ich kann mir vorstellen, daß man von vornherein einen engeren Raum zum Beispiel durch ein großes Tuch abgrenzen könnte, so einen Zuhörerraum. Auf diesem Tuch wäre Platz zum Sitzen und intensiveren Hören.
Ich spiele leisere, auch wohl nicht ganz so bekannte Sachen: If I were a carpenter, Dat du min Leefste büst, eigene Erfindungen. Viele wandern wieder ab, vor allem diejenigen, die nicht so nahe herangekommen sind. Irgendwann sitze ich dann wieder ganz alleine da, muß von vorne anfangen. Und es funktioniert von neuem - mit lauten, bekannten Liedern.

Ich denke, daß es gut wäre, zu zweit zu sein, vielleicht auch zu mehreren mit verschiedenen Instrumenten. Auch ohne eine eingespielte Gruppe zu sein, würde das viele Leute zum Stehenbleiben und Zuhören bringen.
Es müßte nicht nur das Gehör, sondern auch der Blick für einen Moment neugierig gemacht werden.
Denen, die dicht bei mir sitzen, versuche ich etwas über die Lieder zu erzählen, die ich gerade spiele. Das interessiert sie. Ich erfahre, daß es ganz wichtig ist, mit den Leuten zu reden. Musik gibt's auch im Radio. Klar wird mir auch, daß gerade für ältere Passanten wichtig ist, deutliche Texte zu hören.

(Alfred Rauber)

DER MÄRCHENERZÄHLER

Es war wie in Tausendundeiner Nacht auf dem Marktplatz in Marrakesch. Ein großer Kreis dicht aneinandergedrängt hockender Männer. In der Mitte ein Mann, auf den alle zu warten scheinen. Er hockt in sich versunken, bewegt sich nicht. Erst als das Gespräch der vielen verebbt, geht Bewegung durch seinen Körper. Er schaukelt in der Hocke hin und her. Dann sagt er leise etwas, das ich nicht verstehen kann, wartet wieder, spricht weiter. Obwohl ich nichts verstehen kann, bannt mich die Konzentration, mit der alle zuhören.
Der Erzähler ist aufgestanden, bewegt die Arme, läuft plötzlich auf jemanden zu, redet auf ihn ein - alle lachen. Er springt entsetzt zurück und sinkt in sich zusammen. Gespannte Stille. - Klagelaute, lang gezogen und anhaltend, eine warme, weiche Stimme, die zu trösten scheint, alles von ein und derselben Person gesprochen - dem Erzähler.

Spieler, Schauspieler, Zauberer, Akrobat, alles in einer Person. Jemand, dem es gelingt, in einer Stunde 70 bis 80 Männer zu fesseln, sie lachen und weinen zu lassen, sie zu Mitspielern und Zuhörern zu machen auf einem Marktplatz neben Verkaufsständen, Schreibern, Tanzgruppen, umbrandet von Autos und schreienden Eseltreibern.
Von der Geschichte, die er erzählt hat, weiß ich nichts. Bestimmt war es eine alte, uralte Geschichte von Kämpfen, von Liebe, von Tod und vom Versuch, glücklich zu sein.

Bei uns ist die Tradition des Geschichtenerzählens in dieser Form verloren gegangen. Unsere Geschichten werden durch Bücher, Filme und Fernsehen erzählt, manchmal in Kurzfassung in Witzen. Aber es zeigt sich schon an, daß der Geschichtenerzähler wiederkommt. Bei manchem Fest auf dem Marktplatz steht schon der Sessel für die Märchentante. Oder es fangen Gruppen an, nach den Geschichten zu fragen, die in einem Ort erzählt werden, um sie weitererzählen zu können, oder es wird wieder vorgelesen. - Bei einem Seminar lasen wir jeden Abend "Momo" von Michael Ende. Zwischen den Jahren war Michael Endes Buch "Die unendliche Geschichte" in der Familie das Vorleseereignis.

Um Geschichten erzählen zu können, muß man die Geschichten in sich entdecken und Geschichten in sich aufnehmen. Vielleicht gelingt der Schritt, Geschichten aus Büchern und die lebendig weitererzählten Geschichten wieder auf den Marktplatz zu bringen.

Spiele, um Geschichten zu erfinden

* Alle sitzen im Kreis auf dem Boden. Einer macht vor, was dann alle zusammen machen sollen: Beide Handflächen schlagen auf die Schenkel, beide Handflächen klatschen zusammen, die Arme werden hochgehoben und erst mit den Fingern der rechten, und dann mit den Fingern der linken Hand geschnippt. Wenn alle zusammen diesen Bewegungsablauf geübt haben, beginnt das Geschichtenerzählen. Einer beginnt im Rhythmus dieser Bewegung zu erzählen. Will er nicht mehr weitermachen, gibt er seinem Nachbarn ein Zeichen, und der erzählt weiter, ohne den Rhythmus der Bewegung zu unterbrechen.

* Eine Gruppe im Kreis. Einen Apfel weitergeben. Jeder riecht an diesem Apfel und sagt, was ihm dabei einfällt.
Andere Gegenstände, die weitergegeben werden könnten: Pfefferkuchen, eine Kerze, eine Rute, ein kaputter Teller.

ZWEI GESCHICHTEN

Eine Schande, Auto zu fahren

Ich traf Julig la Verveine auf der Straße nach Keribilbeuz. Er war auf dem Rückweg von Pont-au-Moine, barfuß, seinen Sonntagshut aus Samt auf dem Kopf.
Er hatte seine Jacke an diesem Tag zu Hause gelassen, weil es sehr schwül war. Und er lief auf der engen Hauptstraße, die Hüfte wiegend wie ein Vortänzer, der den Ball eröffnet. Aber statt der Hand eines Mädchens hielt er ein Paar Lederhandschuhe, den Daumen der linken Hand im Ausschnitt der Weste, voller Stolz, wie es sich gehört, auch wenn er nur ein kleiner Kerl war.
Ich hielt meinen Wagen an: "Grüß Euch, Julig! Steigt doch ein zu mir!"
Julig blieb auf der Stelle starr stehen, die Schuhe am ausgestreckten Arm in der Luft, einen Fuß auf dem anderen, wie der Retter am Kreuz.
Dieser la Verveine war schon immer ein Komödiant gewesen. Früher lief er über Land, um Nadeln, Schnürsenkel und alle möglichen Sachen zu verkaufen, und nie hat es eine Frau geschafft, ihn aus Haus und Hof zu vertreiben, ohne eine Kleinigkeit von diesem Spaßmacher gekauft zu haben - meist aus Angst, sonst vor Lachen zu sterben.

Jetzt sah Julig mich an, den Kopf zur Seite geneigt, ein Auge halb zugekniffen, und er ließ seine Tenorstimme ertönen: "Ach, Du bist's, Jakez! Steig Du doch aus! Warum sollte ich zu Dir kommen? Ich bin doch der Ältere von uns oder?"

"Das stimmt, aber wenn Ihr einsteigen würdet, wärt Ihr viel schneller zu Hause."
"Ich hab' überhaupt keine Lust, schnell zu sein, mein Junge. Nichts drängt mich. Nur Du hast es eilig anzukommen. Schämst Du Dich denn nicht? Ein junger Kerl wie Du! Da drinhocken wie eine Henne im rollenden Hühnerstall! Wenn Du ein ehrenwerter Mann wärst, hättest Du schon längst Deine stinkende Karosse verlassen und mich zu Fuß nach Hause begleitet."
"Das würd' ich gerne, Julig. Aber was wird aus meinem Wagen?"
"Der würde hier stehenbleiben wie ein Bett auf Rädern, das häßliche Ding. Das hat man also von solchen Apparaten! Ich hatte nie etwas anderes als meinen Hund an meiner Seite, wenn ich über Land lief. Und sobald ich pfiff, trottete er mit dem Schwanz wedelnd hinter mir her. Ist dieser blinkende Kasten, diese Dose ohne Schwanz in der Lage, Dir zu folgen, wenn Du pfeifst? Laß sehen!" Und er brüllte fast vor Lachen. Und ich mußte aussteigen, sonst wäre es peinlich geworden.

Wir setzten uns an der Böschung ins Gras. Julig zündete sich seine Pfeife an. Ich sagte: "Heute war doch weder eine Ausstellung noch Markt in Pont-au-Moine, wenn ich nicht irre."
Und er, auf einmal ganz mürrisch: "Ich hatte ja auch keine Ware zu verkaufen außer meinen Haaren. Und dabei mußte ich meine Groschen für den Friseur herauskramen, bevor er mich gelichtet hat. Nun ja, je leichter der Geldbeutel, desto leichter der Mann. Also, wenn ich nicht meine Schuhe hätte - ich würd' glatt davonfliegen. Und der Weg ist so lang, seit der andere Lahme nicht mehr bei mir ist."
"Der andere Lahme?"
"Mein Bruder Michel. Wir sind Zwillinge - seit 67 Jahren. Perfekte Zwillinge. So vollkommen ähnlich, daß ich Michels Gesicht als Spiegel beim Rasieren benutzen könnte. Und wenn ich mich schabte, würde auch Michels Bart abfallen. Das glaubst Du nicht?"
"Doch, aber warum ..."
"So warte doch! Ach, was bist du geschwätzig! Als wir

klein waren und einer sich eine Grippe holte, da war es der andere, der das Fieber kriegte, auch wenn er weit weg war. Aber das ist noch gar nix: Als wir beide verheiratet waren - und unsere Frauen waren überhaupt nicht miteinander verwandt - da kroch meine Frau Marie-Joseph immer dann wie gerädert auf allen Vieren in ihr Bett, wenn mein Bruder Michel seine Frau mit dem Stock auf dem Rücken gestreichelt hatte. Das ist schon toll, nicht?"
"Toll, ja, aber warum ..."
"So laß mich doch endlich mal erzählen, Klatschbase! Unser Vater war nicht reich. Und Michel und ich hatten, als wir schon junge Männer waren, nur einen Hut für uns beide. Derjenige, der in der Frühmesse gewesen war, mußte auf dem Rückweg den Hut dem zweiten geben, damit der ins Hochamt gehen konnte. Nach dem Krieg '14 konnten wir uns jeder einen Hut kaufen, und seitdem sind wir einmal im Monat zusammen zum Friseur gegangen. 40 Jahre lang. Bis zum vergangenen Jahr. Fragst Du denn nun nicht, warum?"
"Doch, doch, wenn Ihr mir die Erlaubnis gebt, den Mund aufzumachen ..."
"Mach ihn ruhig auf! Man soll nicht so schüchtern sein, mein Sohn. Ich war nämlich gerade dabei zu erzählen, wie mein Bruder Michel, dieser Lahme, letztes Jahr ins Auto seines Sohnes gestiegen ist, um zum Haareschneiden zu fahren. Eine Schande für ihn - in diese schnaufende Kröte - und eine schwere Kränkung für mich. Denn obwohl wir Zwillinge sind, war ich doch immer der Ältere. Und er muß mir zum Haareschneiden folgen, und zwar zu Fuß, bitteschön! Aber diesen Herrn muß man ja jetzt hinbringen! Nicht einmal seine Leiche würde ich besuchen, wenn der stirbt!"
"Aber Julig, vielleicht zerreißt's Euren Bruder vor Gicht, und er kann nicht mehr eineinhalb Meilen hinter euch herlaufen."
La Verveine sah mich an, seinen Kopf zur Seite geneigt. Er hatte eine Träne in seinem linken Auge, dem Herzauge.
"Du sagst das nur, um den armen Julig zu trösten. - Auf geht's. Ich muß weiter."

Und er stand auf und ging. Er hatte noch nicht einmal sechs Schritte gemacht, als er sich zu mir umwandte. "Ich werde Michel besuchen gehen", sagte er "und wenn es stimmt, daß er nicht mehr gehen kann, dann werde ich ihn zum Friseur tragen."

(aus: Pierre-Jakez Helias: Les antres et les miens - La gloire des manants, Presses Pocket, Paris 1979. Übersetzung: Alfred Rauber)

Das alte Haus

Es war einmal vor etwa 500 Jahren ein altes Haus mit nur einem Fenster und einem mageren Baum an der Seite des Hauses. In diesem Haus wohnte ein alter Mann. Der Mann war sehr froh über sein Haus, denn jeden Morgen war eine Überraschung vor der Tür. Der Mann fragte sich, von wem die kam. Eines Morgen sprach er mit dem Haus, und sobald er ein Ton mit dem Haus sprach, rauchte der Schornstein. Der Mann war abergläubisch. Der Mann glaubte das Haus zauberte die Geschenke jeden Morgen her. So gingen die Jahre herum. Eines Tages war kein Geschenk vor der Tür. Der Mann fragte das Haus, warum kein Geschenk mehr da sei. Da rauchte es nicht mehr. Plötzlich flog ein Ziegel vom Dach. Er zerbrach auf dem Boden. Dann flog noch einer und noch einer. Der Mann erschrack. Auf einmal brach das ganze Haus zusammen.

Der Mann war sehr traurig. Er glaubte, es sei Altersschwäche. Er grub ein tiefes Grab und legte sorgfältig die Ziegel und Steine hinein. Dann schaufelte er es wieder zu. Er machte ein großes Kreuz oben drauf. Der Mann fühlte sich einsam. Ihm hatte das Haus gefallen. Der Mann legte sich neben das Grab und schlief ein. Er war ganz dicht neben dem Grab. Und wenn er nicht gestorben, ist lebt er noch heute.

(Geschrieben hat diese Geschichte Larry Abbo, 13 Jahre)

SPIELUMWELT ERHALTEN

Spielen ist für Kinder lebenswichtig. Diesem Satz stimmt heute fast jeder zu, und wer hat kein "Herz für Kinder" am Heck seines Wagens kleben. Kinder sollen leben, Kinder sollen spielen, Kinder sind wichtig.

Soll aus diesem Satz mehr als nur ein Bekenntnis werden, muß die Auseinandersetzung folgen. Wenn ich erkannt habe, daß Spielen für Kinder lebenswichtig ist, ist damit noch nicht entschieden, was ich tun kann, damit Kinder spielen dürfen. Das Naheliegendste scheint zu sein, daß ich mit ihnen spiele, daß ich Kindern Spielmöglichkeiten anbiete, z. B. Spielgruppen oder Spielplätze. Der andere Ansatz könnte sein, nicht mit ihnen zu spielen, sondern ihnen die Spielmöglichkeiten zu erhalten, die vorhanden sind.

Aufgabe:
Versuchen Sie jetzt einmal, darüber nachzudenken, wo Sie als Kind gespielt haben. Lassen Sie sich einige Minuten Zeit, schließen Sie ruhig dabei die Augen.
- -
- -

Wir haben das gleiche einmal in einer Gruppe von Erwachsenen probiert. Wir erinnerten uns an Höfe, Ställe, Scheunen, Schuppen, Gärten, Wiesen, aber nicht an Spielplätze und Gruppenstunden.
Einer aus der Gruppe erzählte von einem Dorf, wo Kinder in Feldscheunen spielen und wo das inzwischen verboten wird. Wir wollten herausfinden, was der Pfarrer eines Ortes tun könnte, um diese Spielmöglichkeiten den Kindern zu erhalten.

Wir machten ein Rollenspiel:
Situation: eine Kirchenvorstandssitzung
Spielrollen: Pfarrer
zwei Traditionalisten
zwei Progressive

Der Pfarrer gibt den Konflikt ein:
Kinder spielen in einer Feldscheune, der Besitzer holt die Polizei, eine Anzeige droht. Der Pfarrer möchte eine Anzeige verhindern und auf die Spielsituation der Kinder im Ort aufmerksam machen.
Es wurde eine sehr intensive Kirchenvorstandssitzung. Die wichtigsten Erkenntnisse waren:

- Die Polizei wurde geholt, weil die Kinder nicht mehr geschlagen werden dürfen, um ihnen zu zeigen, was sie tun und was sie lassen sollen.
- Der Kirchenvorstand will vermitteln, wenn er sich neutral verhalten darf und keine Stellung beziehen muß.
- Das Gespräch über die Spielmöglichkeiten der Kinder wird eine Auseinandersetzung über Normen und Werte in der Erziehung.

Das Rollenspiel war für alle Beteiligten wichtig. Sie konnten herausfinden, ob es wichtiger ist:

1. mit Kindern Gruppenspiele zu spielen oder

2. für Kinder Spielmöglichkeiten zu erhalten oder

3. das Bewußtsein der Erwachsenen zu verändern, die Spiele zuzulassen oder zu verhindern.

Wir hatten den Eindruck, daß alle drei genannten Möglichkeiten zur gleichen Zeit geschehen sollten und keine gegen die andere ausgespielt werden darf.

WO ICH GESPIELT HABE

Versuchen Sie ruhig einmal, dieses Blatt zu ergänzen, oder geben Sie es anderen, die ebenfalls ihre Erinnerungen eintragen. Versuchen Sie, andere, übergeordnete Stichworte zu finden.

Am Wasser
- Schiffchen bauen
- Flüsse stauen
- Boote schaukeln
- schwimmendes Holz verfolgen, wie es im Fluß treibt
- Pfützen ausloten.

Im Feld
- Unterstände bauen
- Gräben ziehen
- nach Würmern suchen.

In Scheunen
- vom Balken ins Heu springen
- sich verstecken
- Höhlen bauen
- Gänge anlegen
- über Balken klettern

Auf Bäumen
- ....
- ....
- ....

Auf Dächern
- ....
- ....

ROLLSCHUHFAHREN

Meine Tochter Susanne, 13, nennt diese Geräte Rollerskates. Sie zu fahren, das ist der neue Sport in der Stadt. Das Spielgerät, das nur funktioniert in einer total betonierten Stadt. Die Pisten müssen glatt sein, am besten große Flächen mit ein paar steilen Abfahrten und Sprungmöglichkeiten. Bevorzugte Versammlungsplätze sind im Augenblick die Katakomben der Städte, die unter der Erde verlegten Plätze, die Zwischendecks der U-Bahn-Stationen und Bahnhöfe. Ganze Rudel von Jugendlichen treiben sich da rum, üben neue Techniken, z. B. das Überspringen mehrerer Personen, die auf dem Boden liegen, sitzen zusammen und reparieren ihre Rollgeräte. Graue Gestalten, Kinder, Jugendliche, Parias der Unterwelt. Mit den Stadtpennern, die hier auch Unterschlupf suchen, verbindet sie des "Bürgers schräger Blick". Die schnellen Rollenflitzer machen ihm die riesigen Betonflächen streitig, die den Fußgängern vorbehalten sind, obwohl doch alle genug Platz hätten. Man meint, die Fußgänger und vor allem alte Leute seien in Gefahr. Von angefahrenen Passanten habe ich noch nichts gehört, nur von erschreckten. Was aber auf der Straße mit 50 km/h unangefochten ist, wird in den städtischen Zwischendecks zum Problem. Verbotsschilder werden angebracht, Polizeistreifen eingesetzt, Beamte in Zivil aufgeboten. Warum eigentlich? Nur, weil ein den Betonwüsten adäquates Spielgerät da ist? Jugendliche versuchen, noch auf dieser betonierten Erde ihre Lebensmöglichkeiten zu finden.

Der Rollschuhpark als Forderung der bedrängten Rollschuhfahrer ist keine Lösung, nur ein Getto mehr.

Das Nebeneinander der verschiedenen Bedürfnisse wäre richtiger. Warum nicht Bürgersteige auch auf Zwischendecks? Warum nicht spannungsvolles Nebeneinander wie auf jedem Platz? Warum müssen Städte so aussehen, wie sie heute aussehen? Warum haben Menschen vor anderen Menschen in solchen Städten Angst? Und wo Angst ist, hört das Spielen auf.

Die Polizeiverordnung ist in Vorbereitung, die Stadtstreicher und Rollschuhfahrer von den unterirdischen Plätzen verbannen soll. Der Sprecher einer Frankfurter Partei hält die Aussperrung der Roller grundsätzlich für in Ordnung, weil sich einige Rollschuhfahrer rowdyhaft benommen hätten. Ich möchte dem Sprecher empfehlen, diesen Grundsatz überall anzuwenden. Bei 15 000 Verkehrstoten im Jahr wäre das schon angebracht.

Bei einer Befragung zum Thema Rollschuhfahren sagte eine 39 Jahre alte Frau: "Ich erfreue mich an dieser Anmut, ich glaube nicht, daß die Roller Passanten gefährden."
Kinder haben in Frankfurt nichts zu lachen. Schlimm fände ich es, wenn man ihnen Rollbahnen außerhalb der City, außerhalb ihres Kommunikationsradius anweisen würde und wo sie wieder nur im Kreis fahren dürften. Und das sind nicht nur die Probleme einer großen Stadt. Spielgettos, öffentlich hergestellt, gibt es auch schon in vielen Dörfern.

Ab 1. Juni ist eine neue Polizeiverordnung in Kraft getreten. Seitdem haben sich die Rollschuhfahrer verzogen. Susanne sagt: "Wenn die Grünen Dich erwischen, kostet das 70 DM."

HALLER STRASSENSPIELE

In Schwäbisch Hall gibt es seit 1974 eine Arbeitsgruppe, die jedes Jahr die Haller Straßenspiele veranstaltet. Mir liegt einiges Material vor, das diese Gruppe publiziert hat, eine kleine Dokumentation, ein Programm, eine Anregung, Spiele selbst zu bauen. Aus diesem Material geht hervor, warum diese Gruppe Straßenspiele macht, was dabei alles stattfindet und wie sie organisiert werden:

Sie fragten "wozu?"
Aber dann kamen sie doch ...

"Wozu in Schwäbisch Hall noch ein weiteres Fest - neben dem traditionellen Kuchen- und Brunnenfest, dem Sommernachtsfest und dem Bürgerwehrtreffen?" Dies oder ähnliches dürften sich wohl einige Haller gefragt haben, als 1974 zum ersten Mal die HALLER STRASSENSPIELE ausgerufen wurden. - Aber mitgemacht haben sie dann doch - und das ist das Wichtigste bei den HALLER STRASSENSPIELEN.

Nicht die Meinung, ein spezielles Straßenfest gehöre heute eben dazu, um es anderen Städten gleichzutun, veranlaßte die Initiatoren, die HALLER STRASSENSPIELE ins Leben zu rufen. Was dazu führte, war zuerst und zuletzt die Frage nach neuen Formen der Begegnung. Obwohl es in Hall nicht an Aktivitäten und lebensfähigen Vereinen fehlt, gibt es keine Möglichkeit für die Bevölkerung, Gemeinsamkeit zu erleben. Es fehlt dazu der Ort - was Anlaß war für die Gründung der "Aktionsgemeinschaft Kultur- und Jugendzentrum Schwäbisch Hall" -, und es fehlt dazu die Gele-

genheit. Die Reihe der genannten Feste gewährt meist nur ein Zuschauen und allenfalls die übliche Lustbarkeit im Vergnügungspark. HALLER STRASSENSPIELE wollen etwas ganz anderes: spontane Begegnungen quer durch alle Schichten der Bevölkerung, gegenseitiges Sich-kennenlernen und Zusammenwirken.
Den Initiatoren kam es darauf an, zu einem Fest anzuregen, das die Bevölkerung selbst gestaltet und dies aus eigenem Antrieb, nach eigenen Vorstellungen, ohne Vorgabe und strenge Organisation.

Die Stadt entdecken

Die HALLER STRASSENSPIELE sollen den verschiedensten Gruppen, Vereinen, Einrichtungen und Einzelpersonen die Gelegenheit bieten, sich selbst darzustellen - nicht in perfekter Darbietung, sondern durch originelle Ideen und Aktionen, die Mitspielen und spontane Betätigung für jeden ermöglichen. "Wir versprechen uns", so einer der Initiatoren, "von diesem Fest, daß die integrierende Funktion der Innenstadt neu entdeckt wird, daß die Stadt als 'Spielzone' selbst 'Kommunikationszentrum' wird, daß die Bevölkerung die Innenstadt wieder als Lebensraum, als pulsierende Mitte begreift, beansprucht und in Besitz nimmt. Das ganze Stadtzentrum ein bunter Markt - mit allem, was einst dazugehörte: So stellen wir uns die HALLER STRASSENSPIELE vor."
Es war im Februar 75, als sich die aktiven Mitglieder der Aktionsgemeinschaft Kultur- und Jugendzentrum (AKJ) zur ersten vorbereitenden Sitzung der HALLER STRASSENSPIELE 75 trafen. Macht man Straßenspiele überhaupt? Kamen sie beim ersten Versuch im Jahr zuvor bei der Bevölkerung an? Das waren die Fragen, die den Kreis beschäftigten.

Ein Fest in eigener Regie

Das Urteil war eindeutig. Im Jahr zuvor hatte sich gezeigt, daß die Idee nicht nur aufgenommen, sondern auch verstanden wurde - oder anders gesagt: daß bei der Bevölkerung das Bedürfnis, die Bereitschaft und

die Lust vorhanden sind, ein Fest in eigener Regie zu veranstalten.

Die Straßenspiele sind nicht mehr aufzuhalten

Dann Einladungen an Gruppen, Vereine und andere Interessierte, die ersten Sitzungen: Es gab zu viele verschiedene Ideen, alles war vage. Doch man raufte sich zusammen. Ein Ausschuß, der die gesamte Planung und Organisation übernahm, wurde gebildet. Man versicherte sich der Unterstützung durch die Stadtverwaltung, man ...
Dann kamen die ersten konkreten Ideen. Immer mehr Gruppen meldeten ihr Interesse an. Nicht immer kamen die besten und originellsten Vorschläge, aber es kam Bereitschaft mitzumachen. Begeisterung. Eine Menge war zu organisieren. Diese Gruppe brauchte jenes, eine andere dies. Und dann zeigten sich auch die ersten Ausfallerscheinungen - auch Organisatoren sind schließlich Menschen: Leute, die den Sinn dieser Spiele in der persönlichen Profilierung sahen, zogen ihre geplanten Aktivitäten zurück, weil sie bei der Zusammenstellung des Programms vergessen wurden, wieder andere fanden sich nicht genügend erwähnt.
Doch die Straßenspiele sind nicht mehr aufzuhalten. Die Nörgler sind zum Glück in der Minderzahl. Die anderen haben begriffen, daß es um mehr als um den einzelnen geht, daß hier das Zusammen, das fröhliche, friedliche Zusammen geübt werden soll - unter, zwischen, mit allen Bürgern dieser Stadt.

Bis in den frühen Morgen

Insgesamt fanden vier Gesamtsitzungen aller Beteiligten, sie sich jeweils bis dahin gemeldet hatten, statt, dazu kamen acht Sitzungen des Organisationsausschusses sowie Hunderte von Arbeitsstunden - oft bis in den frühen Morgen -, da sich die Hauptorganisation im Grund auf zwei, drei Leute konzentrierte.

Spontaneität war das Hauptanliegen

Die größte Erschwerung bei den Vorbereitungen war, daß sich die potentiellen Interessenten - trotz mehrfacher Aufforderung - nicht rechtzeitig meldeten bzw. nur ungenaue und unvollständige Angaben über das machten, was sie für die Spiele geplant hatten. So kam es, daß die Handzettel mit dem Programmablauf unvollständig waren, daß sich manche Überschneidungen ergaben (sich zum Beispiel Aktivitäten akustisch überschnitten und dadurch störten), daß sich auf der anderen Seite immer wieder Leerzeiten ergaben ...

Eigentlich alles nicht so schlimm, denn Spontaneität war ja das Hauptanliegen, aber etwas mehr Zusammenarbeit zwischen den Akteuren und den Veranstaltern hätte einiges an Nerven schonen können.

Es ist einfach, solch ein Programm wie das der HALLER STRASSENSPIELE zu lesen und die Straßenspiele zu genießen. Nicht ganz so einfach ist es, diese Spiele zu organisieren und dabei doch nicht die Lust an der ganzen Sache zu verlieren. Welche Schwierigkeiten es gibt, welche Probleme aus dem Weg geräumt werden müssen, bis es jedem (fast jedem) recht ist, das kann man sich vorher gar nicht vorstellen.

(aus: Haller Straßenspiele 75, Product-Werk Nr. 1, Reihe Dokumentation, zusammengestellt von R. Hugh und H. P. Mezger, Product Verlag Schwäb. Hall)

Liebe Freunde der Haller Straßenspiele!

Angeschlossen erhalten Sie die Unterlagen zur Teilnahme an den diesjährigen Haller Straßenspielen. Wir würden uns freuen, Sie wieder - oder erstmalig - unter den aktiven Teilnehmern zu sehen.

Bevor Sie endgültig über Inhalt und Form Ihres Straßenspielbeitrages entscheiden, lesen Sie bitte die Konzeption über die Durchführung der Haller Straßenspiele durch. Vielleicht lassen sich so Mißverständnisse von vornherein vermeiden. Besonders wichtig ist in diesem Zusammenhang der Abschnitt 3.3.6. der Konzeption, der besagt, daß Speisen und Getränke nur dann - quasi nebenher - verkauft werden dürfen, wenn die Hauptaktivität der Gruppe auf einem anderen, spielerischen oder darstellerischen Sektor liegt.

Wenn Sie sich für die Teilnahme entschieden haben, so füllen Sie bitte das beigefügte Formular aus und senden Sie es baldmöglichst an uns zurück. Die Reihenfolge des Einganges kann bei der Vergabe eines gewünschten Standorts maßgebend sein. Spätestens bis 10. Juni 1978 wollen wir im Besitz Ihres Teilnehmerformulars sein. Wenn Sie dann innerhalb von 14 Tagen keine Rückfragen von uns erhalten, können Sie davon ausgehen, daß Ihre Teilnahme in der von Ihnen beschriebenen Form genehmigt wurde. Mitte August werden wir Sie zu einem abschließenden, informatorischen Gespräch einladen.

Viel Freude bei der Vorbereitung wünscht Ihnen die Arbeitsgruppe Haller Straßenspiele der AKJ!

i.A. *(Unterschrift)*
(Gerhard Scherzer)

P.s.
Für telefonische Anfragen stehen wir Ihnen jederzeit gerne zur Verfügung:

Hildegard Barth   Tel. 2310
Gerhard Scherzer Tel. 752315 oder 3964

Arbeitsgruppe Haller Strassenspiele

K o n z e p t i o n
über die Durchführung der Haller Straßenspiele

1. Die Idee der Haller Straßenspiele

Die Haller Straßenspiele wurden 1974 als Alternative zu anderen Haller Festlichkeiten ins Leben gerufen. Die Idee der Haller Straßenspiele ist, daß möglichst viele Kinder, Jugendliche und Erwachsene entweder einzeln oder in Gruppen an einem Wochenende im Jahr auf den Straßen, Gassen und Plätzen der Haller Innenstadt a k t i v werden und ihre schöpferischen und spielerischen Fähigkeiten entfalten, um ihre Mitbürger zu erfreuen und sie zum Mitmachen anzuregen.

2. Angemessene Organisation

Zur Umsetzung dieser Idee in die Praxis bedarf es einer Organisationsform, die einerseits ein großes Maß an freier Entfaltung und Spontaneität für die Teilnehmer zuläßt, die andererseits jedoch einen geordneten Ablauf der Veranstaltung garantiert. Die einzelnen Aktionen dürfen sich nicht gegenseitig stören, getroffene Vereinbarungen müssen strikt eingehalten werden. Außerdem muß die größtmögliche Sicherheit für alle Teilnehmer an den Haller Straßenspielen gewährleistet sein.

3. Richtlinien zur Durchführung der Haller Straßenspiele

Die Arbeitsgruppe 'Haller Straßenspiele' der Aktionsgemeinschaft Kultur- und Jugendzentrum e.V. - AKJ genannt - schlägt folgende Richtlinien zur Durchführung der Haller Straßenspiele vor:

3.1. Die Haller Straßenspiele finden alljährlich am 2. Wochenende im September (schulfreier Samstag) statt.

3.2. Die Haller Straßenspiele werden von der Arbeitsgruppe 'Haller Straßenspiele' der AKJ mit Unterstützung der Stadtverwaltung veranstaltet.

3.3. An den Haller Straßenspielen können sich alle Bürger (jung und alt) unserer Stadt und der näheren Umgebung beteiligen, sofern ihre Aktionen folgenden Kriterien entsprechen:

3.3.1. Erlaubt sind Spiele aller Art, soweit sie nicht ausschließlich kommerziellen Zwecken dienen, z.B. Sport-, Bewegungs- und Tanzspiele, Wettspiele, Geschicklichkeitsspiele, Mal- und Zeichenspiele, Brettspiele, Konzentrationsspiele, Theaterspiele usw.

3.3.2. Erlaubt ist die Vorführung von Kunsthandwerk und Hobby sowie die Ausstellung und der Verkauf von selbst angefertigten Gegenständen.

3.3.3. Erlaubt ist der Umtausch und Verkauf von gebrauchten Gegenständen im Sinne eines nicht gewerblichen "Flohmarktes".

3.3.4. Erlaubt ist die informatorische Selbstdarstellung von Einrichtungen, Vereinen und Gruppen in Wort, Schrift und Bild. Ausgenommen davon ist die Werbung politischer Parteien mit Luftballons, Fähnchen, Plaketten, Mützen u.a.

3.3.5. Erlaubt ist das Musizieren, soweit keine elektronischen Verstärkeranlagen benutzt werden. Ausnahmen, z.B. in Verbindung mit Tanzspielen, bedürfen der Genehmigung des Veranstalters.

3.3.6. In Verbindung mit einer der unter 3.3.1 bis 3.3.5. genannten Aktivitäten ist der Verkauf vor allem von originellen, selbst hergestellten Speisen und Getränken erlaubt. Der Verkauf von alkoholischen Getränken muß beim Veranstalter gesondert beantragt werden.

3.4. Zur Vorbereitung der Haller Straßenspiele setzt sich die Arbeitsgruppe 'Haller Straßenspiele' rechtzeitig mit der Stadtverwaltung in Verbindung, um die ordnungsrechtlichen und technischen Fragen sowie die Zusammenarbeit mit dem Informations- und Kulturamt zu klären.

Programm

Mittwoch, 10. 9. '75

ab 14 Uhr   **Kutschfahrten.** Abfahrt Heimbachsiedlung, Kirche

Donnerstag, 11. 9. '75

ab 14 Uhr   **Kutschfahrten.** Abfahrt Steinbach, Sportheim

20 Uhr   **Film:** Der Krieg der Mumien' DDR 1973. Ort: Theaterlichtspiele (Kino im Schafstall)

Freitag, 12. 9. '75

ab 10 Uhr   **Büchertisch.** Dritte-Welt-Laden, Fotoausstellung Ort: Hafenmarkt (Club alpha 60)

ab 15 Uhr   **Kindermalen.** Ort: Haalplatz (AKJ) **Malwettbewerb.** Ort: Arkaden der Kreissparkasse und Hinter der Post (Kreissparkasse)

ab 16 Uhr   **Kurzfilme.** Ort: Popkeller am Hafenmarkt (Kino im Schafstall) **Scherenschnittkünstler.** Ort: Milchmarkt (Georg Herrmann, Obersontheim) **Stand mit Schmalzbroten** und Most. Ort: Hinter der Post (DRK)

ab 17 Uhr   **Handpuppenspiele** mit anschl. Versteigerung der Spielpuppen. Ort: Hinter der Post (Fachschule für Sozialpädagogik – Ok III)

ab 18 Uhr   **Weinproben** mit „Heuholzer", Bier vom Faß, Alleinunterhalter. Ort: Hinter der Volksbank in der Mohrenstraße (Volksbank)

20 Uhr   **Film:** „No Pincha", afrikanischer Film aus Guinea-Bissau. Ort: Hospitalkirche (Kino im Schafstall als Beitrag zur Afrika-Woche)

ab 23 Uhr   **Kurzfilme.** Ort: Popkeller am Hafenmarkt (Kino im Schafstall)

Samstag, 13. 9. '75

ab 8 Uhr   **Flohmarkt.** Orte: Treppen zum Rathaus, Hafenmarkt, Hinter der Post, Milchmarkt, Neue Straße, Mohrenstr. (Verschiedene)

ab 9 Uhr   **Moritaten-Sänger.** Orte: Überall in der Innenstadt (Kasperle-Mayer, Ravensburg) **Künstlerstraße** mit Holzschnittdrucken, Gipsplastiken, Batik, Emaillieren, Töpfern, Marionetten. Ort: Schuistraße (AK-Fußgängerzone, Jugendzentrum, Fachschule für Sozialpädagogik – OK II) **Informationsstände.** Wurfbuden, Seilziehen, Nagelbalken, Scherenschnitte, Schmalzbrote, Most, Musik. Orte: Neue Straße und Milchmarkt (Pro Familia, AG Gesunde Lebensweise, Christus-Träger-Schwestern, AK-Fußgängerzone, beratung: HBV, Georg Herrmann, Afo) **Handpuppenspiele** und -versteigerung. Boule, Boccia, Malwettbewerb. „Doovele", Verkauf, Cantina „Salvador Allende" mit chilenischen Getränken, Plakaten und Musik, Erste-Hilfe-Zelt. Bewirtung (Zwiebelkuchen und Neuer Wein') Ort: Hinter der Post (Fachschule für Sozialpädagogik – OK I, DRK, SDAJ, Kreissparkasse, AK-Fußgängerzone)

ab 10 Uhr   **Straßentheater.** Ort: Milchmarkt (Haalmauler) **Spiele** und Wettbewerbe, Kindermalen. Orte: Haalplatz und -halle (Jugendzentrum, PSG, AKJ) **Leistung(s)paß** – Trimmspiele. Ort: gegenüber Entenback (TSV Hessental – Jugend)

ab 11 Uhr   **Büchertisch,** Dritte-Welt-Laden, Fotoausstellung, Prominenten-Abschießen, Bewirtung, Kurzfilme bis nach Mitternacht, Musik auf der Rampe. Orte: Hafenmarkt und Popkeller (Club alpha 60) **Wettkämpfe,** Spiele, Fahren mit Motorrad-Gespannen, Moritaten, Bewirtung (Faßbier, Hot Dogs!) Ort: Marktplatz (Motorrad-Club, Dolan Barracks) **Weinproben,** Faßbier, Versteigerung von Heller und Batzen. Ort: Hinter der Volksbank, Mohrenstraße (Volksbank)

ab 14 Uhr   **Kasperletheater.** Ort: Unterwöhrd (Kasperle-Mayer, Ravensburg) **Stock-Car-Fahren.** Ort: Haalplatz (Stock-Car, Sulzdorf) **Spiele,** Städtebauen aus Kartons, Tanzen und Wettbewerbe. Orte: Grasbodele und Kocher (AWO, DLRG, Junge Kirche. KJG St. Markus, PSG St Joseph) **Schalmeien-Kapelle.** Ort: Hinter der Post (DKP)

ab 15 Uhr   **Jux-Rallye** origineller Fortbewegungsmittel mit Blasmusik und OB Binder in der Jury. Ort: Haalplatz (AK-Fußgängerzone, Kapelle Wolpertshausen) **Bier- und Weingarten,** Verkauf von Siederskuchen. Ort: Haalgeist im Schuppach (Gr. Siedershof)

ab 16 Uhr   **Sängerwettstreit.** Ort: Marktplatz (Joybringer) **Roller- und Radelrutsch-Rennen.** Ort: Haalstraße (St-Georgs-Pfadfinder)

ab 19 Uhr   **Tanz und Lightshow** mit „Disco-Power-Phone-KG" aus Aalen. Ort: Jugendzentrum im Haal (JZ) **Jugendparty.** Ort: Jahnturnhalle (TSG und Junge Kirche) **Liedersingen** mit Fackeln. Ort: Grasböoele anschl. Fackelzug durch die Stadt bis zum Münzhaus in der Gelbinger Gasse. Dort Freiluftparty gegenüber der AWO (Arbeiterwohlfahrt)

20 Uhr   „**Veit Utz Bross** spielt" Szenen mit Marionetten. Ort: Widmannhaus (Veit Utz Bross, Hall)

20 Uhr   **Film:** „Lina Braake – die Interessen der Bank können nicht die Interessen sein, die Lina Braake hat" BRD 1974. Regie: Bernhard Sinkel. Ort: Theaterlichtspiele (Theaterlichtspiele)

ab 20 Uhr   **Rocken** im Club. Ort: Clubhaus Ackeranlagen (Club alpha 60)

Sonntag, 14. 9. '75

10.30 Uhr   **Guten-Morgen-Konzert.** Ort: Musikmuschel Unterwöhrd (Stadtkapelle)

ab 11 Uhr,   **Flohmarkt,** Spiele, Bewirtung und Sonstiges. Orte: Marktplatz, Hafenmarkt, Hinter der Post, Milchmarkt, Schulstraße, Neue Straße, gegenüber Entenbäck, Haalplatz und Haalhalle (wie Samstag)

ab 13 Uhr   **Stock-Car-Fahren.** Ort: Haalplatz (wie Samstag)

ab 14 Uhr   **Kindertheater:** „Ich bin der kleine Däumling" Ort: Marktplatz (Kinder- und Jugendtheater Ömmes und Oimel, Würzburg, Landessparkasse, AKJ) **Musik.** Ort: Musikmuschel Unterwöhrd (Joybringer) **Tag der offenen Tür.** Ort: Münzhaus Gelbinger Gasse (Arbeiterwohlfahrt) **Bier- und Weingarten.** Orte: Haalgeist im Schuppach, Mohrenstraße (Gr. Siedershof, Volksbank)

ab 16 Uhr   **Spiele,** Bewirtung und Anderes. Ort: Grasbodele und Marktplatz (wie Samstag)

ab 19 Uhr   „**Alles trifft sich auf dem Marktplatz**" Musik am Lagerfeuer, das Beste der Haalmauler und andere Darbietungen. Jeder kann mitmachen!

Teilnehmer, Gruppe, Verein	
Kontaktperson	
PLZ Wohnort, Straße	
Telefon (von .. bis ..)	

An die
Arbeitsgruppe
'Haller Straßenspiele'
Postfach 131
7170 Schwäbisch Hall

Betr.: HALLER STRASSENSPIELE 1978

Ich - wir - möchte(n) an den HALLER STRASSENSPIELEN 1978 mit folgenden Aktionen teilnehmen:

(Zutreffendes bitte ankreuzen)

A	Spiele ☐ Sportspiele ☐ Tanz ☐ Theater ☐ Musik ☐
B	Kunsthandwerk ☐ Hobby ☐
C	Verkauf von selbst hergestellten Gegenständen ☐
D	Flohmarkt für Kinder ☐
E	Informatorische Selbstdarstellung von Gruppen u. Vereinen ☐
F	Verkauf von Speisen und Getränken ☐

Nähere Beschreibung der Aktion
Tage und Zeiten: Sa. von   bis   So. von   bis
Gewünschter Standort (bitte auf Rückseite ankreuzen)
Platzbedarf in qm
Wird ein Marktstand gewünscht   Nein ☐ Ja-3m ☐ Ja-4m ☐
Strom Nein ☐ Ja-220 V ☐ Wasser Nein ☐ Ja ☐

DER MARKT

Märkte hat es immer schon gegeben, und ohne Märkte wäre das, was wir heute an Kaufhäusern, Einkaufszentren, Kaufstraßen und Messen kennen, nicht möglich. Der Markt war Treffpunkt, Austauschzentrum, Umschlagplatz von Waren, Ideen und Nachrichten. Der Markt war nichts Dauerhaftes. Er wurde wieder abgebaut, um zu festgesetzten Zeiten wieder aufgebaut zu werden. Auf dem Markt will ich Ideen oder Waren loswerden und suche dafür einen Käufer.

Flohmarkt

Jeder bringt das mit, was er selbst nicht mehr brauchen kann und von dem er hofft, das es andere brauchen können. Wenn jeder etwas mitbringt, muß man nicht verkaufen, sondern man kann auch tauschen. Das kann ein sehr lebhaftes Handeln werden.
Es kommt auf die Gruppe an, die diese Tauschaktion unternimmt. Ob sich alle auf den Boden setzen oder ihre Ware auf Stühlen oder Tischen liegen haben oder sie an Fäden von der Decke hängen lassen ... Sitzt man auf dem Boden, könnte jeder eine Papier- oder Stoffbahn, etwa 1 x 1 m, haben, auf die er seine Sachen ausbreiten kann. Der ganze Flohmarkt könnte auch von einer Spielidee bestimmt werden, z. B. orientalischer Markt oder Markt der Gaukler. Dann müßten noch andere Personen oder Gruppen auftreten, die nicht nur tauschen oder verkaufen wollen: z. B. Märchenerzähler, Ausrufer, Wasserverkäufer, Zauberer, Schreiber, Artisten, Essenverkäufer.

Woran muß gedacht werden bei einem Flohmarkt im Freien?

1. Ort, Termin, Anfangs- und Schlußzeiten in einer Gruppe von Interessierten festlegen und mit den dafür zuständigen Ämtern absprechen.

2. Information an alle Interessierten mit der Einladung zur Mitarbeit. Nennen der Bedingungen:
   - entstehende Kosten;
   - Muß die Teilnahme angemeldet werden?
   - Wieviel Platz steht für jede Gruppe zur Verfügung?
   - Sollen Tische, Stühle, Buden mitgebracht werden?
   - Was soll nicht gehandelt werden?

3. Überlegungen zu Themen und Begleitprogrammen?

4. Information der Öffentlichkeit.

5. Überlegungen zum Regenprogramm.

6. Abfallbehälter besorgen.

7. Eröffnungsprogramm, das Interessierte auf den Flohmarkt aufmerksam macht, z. B. Theater, Musik, Aktionen.

8. Überlegen, was mit dem Erlös aus dem Verkauf geschieht.

9. Abschließende Versteigerung aller übrig gebliebenen Sachen überlegen.

Markt der Gaukler im Freien

Gaukler sind die Theaterleute von früher, die auf Märkten, Messen, Kirchweihen und bei allen Gelegenheiten dabei waren, wo eine Vielzahl von Menschen zusammenkam.

Spielidee:
Auf einem Platz treffen die verschiedensten Gauklergruppen zu ihrem Markt zusammen. Wenn Gaukler sich treffen, wird nicht nur verkauft und gehandelt, es wird auch gespielt.

Ideensammlung:
Gaukler haben Planwagen und Pferde, mit denen sie durch die Gegend ziehen. Es wird auch arme Gaukler geben, die ihre Sachen auf dem Rücken tragen oder auf einem Schubkarren vor sich herschieben. Manche, die nichts mehr verdienen, werden betteln. Die Gaukler kommen aus der ganzen Welt, sie sprechen verschiedene Sprachen. Sie sind exotisch, auffallend, nonkonformistisch, in Standestrachten gekleidet. Die Gaukler haben auch Tiere, die mitziehen: Schweine, Kühe, Hunde, Katzen und Ziegen. Sie verkaufen auch Tiere. Die Gaukler wollen einkaufen, aber auch Sachen, die sie selbermachen, verkaufen. Alle können irgend etwas und wollen es auch zeigen. Die Gaukler wollen auf dem Markt Sachen reparieren, zum Beispiel sich Schuhe besohlen lassen, Papier einkaufen, Briefe schreiben lassen.

Konzept:
Eine Vielzahl von Gruppen bereitet sich auf den Markt vor. Jede Gruppe übernimmt eine bestimmte Rolle. Die Gruppe bringt alles, was sie braucht, zum Markt mit.

Mögliche Spielgruppen:
Köche, Wasserverkäufer, Geschichtenerzähler, Schreiber, Zauberer, Artisten, Essenverkäufer, Schuhmacher, Papiermacher, Musiker, Sänger, Theaterspieler, Krimskramsverkäufer, Rat der Gaukler, Marktmännchen.

1. Zusammenkunft:
Mögliche Teilnehmergruppen werden eingeladen. Das Konzept "Markt der Gaukler" wird vorgestellt. Die Liste der möglichen Gruppen wird für alle sichtbar aufgehängt und im Gespräch ergänzt. Jede Teilnehmergruppe wird gebeten, sich eine der Spielgruppen auszusuchen. Sie wird gebeten, bis zur nächsten Zusammenkunft aufzuschreiben, was die Spielgruppe beim Markt der Gaukler alles tun will. Ein Rat der Gaukler, der alle weiteren Vorbereitungen koordiniert und den Markt leitet, wird gewählt. Marktmännchen werden als Marktaufbauer, Helfer, Boten von jeder Gruppe gestellt.
Der Einstieg bei diesem Gespräch kann auch anders aussehen. Eine Vielzahl von Kleidern, Jacken, Decken, Stoffen, Hüten, Zeitungspapier, Kreppapier liegt bebereit. Die ankommenden Vertreter von Teilnehmergruppen werden gebeten, sich zu kostümieren. In dieser Verkleidung beginnen die weiteren Gespräche.

2. Zusammenkunft:
Die Gruppen berichten von ihren Vorhaben, aber nur soviel, wie es notwendig erscheint, um koordinieren zu können, z. B. Überschneidungen, Doppelungen, Dominanzen einzelner Gruppen zu vermeiden. Auch für die Vorbereitenden sollte noch genug Spannung auf das, was kommt, vorhanden sein.

Wie der Markt der Gaukler ablaufen könnte:
Die Marktmännchen haben das Marktgebiet gekennzeichnet, z. B. durch Stoff- oder Zeitungspapierstreifen, die von Leinen hängen, oder Stoffstreifen an Stöcken oder Farbstriche am Boden (Erlaubnis einholen) oder durch einen Zaun aus Gemüsekisten. Zum festgesetzten Zeitpunkt, der durch Glockenläuten, Trommeln oder Trompetenblasen bekanntgegeben wird, ziehen die Gruppen von ihren Treffpunkten zum Markt.

Eintreffen und Aufbau auf dem Markt.
Aktivitäten auf dem Markt.

Das Ende des Marktes wird wieder durch das Anfangszeichen bekanntgegeben. Treffen aller Gaukler in der Mitte des Marktes. Aus einer Kiste wird das Gauklertuch geholt und entfaltet. Das Gauklertuch ist ein 8 x 8 m großes Nesseltuch, verschiedenfarbig eingefärbt. Dieses Tuch wird von allen gehalten, gespannt und bewegt. Auf das Tuch wird eine etwa 1 m große Stoffpuppe geworfen, die mit dem Tuch in die Luft geschleudert und wieder aufgefangen wird. Nach einiger Zeit wird das Tuch auf der Erde ausgebreitet, alle setzen oder stellen sich auf das Tuch, und der Rat hält eine Rede - etwa: "So wie dieser Stoffpuppe geht es dem fahrenden Volk, den Gauklern, hin und her werden sie geworfen, geschunden werden sie, aber sie sind frei, frei unter dem Himmel."
Die Musiker singen: "Fahrendes Volk ..."
Das Tuch wird zusammengelegt und in die Kiste gepackt. Der Markt wird abgebaut, die Gaukler ziehen ab. Die Marktmännchen stellen die alte Ordnung wieder her.

Text: Fritz Rohrer
Melodie: Alfred Rauber

Marktspiele

* Beschenken.
  Zwei begegnen sich. Sie beginnen, sich zu beschenken, bis niemand mehr etwas hat, das er dem anderen schenken kann. Es wird immer nur eine Sache geschenkt, als Dank schenkt dann der andere wieder etwas, und so geht es weiter.

* Verschenken.
  Einer geht über den Markt und verschenkt alles, was er bei sich hat, an Menschen, die ihm begegnen.

* Schnorren.
  Menschen ansprechen und fragen, ob sie mir etwas schenken wollen von dem, was sie bei sich haben. Es soll aber kein Geld sein.

* Sie nahmen alles, was sie hatten, und schenkten es den Armen.
  Ein paar Leute verabreden sich, alles, was sie an Überflüssigem, nicht unbedingt zum Leben Notwendigem besitzen, zu verschenken. Sie haben alle diese Dinge auf einen Handwagen geladen und ziehen damit über den Markt und verschenken sie.

DER KIRCHENMARKT

Buden, kirchliche Gruppen, Informationen und Gespräche beim Frankfurter Kirchenmarkt 1980 im Rahmen der Frankfurter Kirchentage.

Am Freitagnachmittag und Samstagvormittag ist der Menschenstrom in Frankfurts Innenstadt sehr dicht, die Gelegenheit, mit vielen Menschen in Kontakt zu kommen, ist günstig. Wir, eine Gruppe von Spielpädagogen, die eine Spiel- und Theaterwerkstatt im Rahmen der Beratungsstelle machen, wollten auch über unsere Arbeit informieren. Wir stellten folgende Vorüberlegungen an:

- Die Information über unsere Arbeit muß anschaubar sein, sie muß Spaß machen und darf sich nicht im Überreichen von Papier erschöpfen.

- Wir müssen beweglich sein und nicht hinter einem Marktstand verschwinden oder an einem Ort festgemacht sein.

- Wer Informationen haben möchte, kann sie auch aufgeschrieben mitnehmen.

- Es muß Informationsmaterial mitgeschleppt werden.

Erst nach diesen Grundsatzüberlegungen sammelten wir Ideen, wie so etwas aussehen könnte.
Folgende Stichworte wurden genannt:
- Umzug
- Luftballons
- Briefumschläge mit Informationen
- Informationszettel um den Bauch binden
- Denkmal mit den Passanten bauen

- Ein großer Hut, auf dem steht: Spiel- und Theaterwerkstatt
- Große Figuren tragen
- Auf Stelzen gehen
- Dinge aus der Werkstattarbeit mitnehmen und sie zeigen
- Nicht schminken, Schminke schafft Distanz
- Werkstattinhalte in Bewegung umsetzen.

Aus diesen Stichworten und den Vorüberlegungen formte sich langsam ein mögliches Konzept, das folgenden Forderungen gerecht werden mußte:

- Die Gruppe muß auch in der Masse zu sehen sein.
- Material muß mitgenommen werden.
- Es soll etwas gezeigt werden.
- Die "Firma" des ganzen Unternehmens muß erkennbar sein.
- Vom Können der Beteiligten muß ausgegangen werden.

Praktisch sah das dann so aus: Alfred baute eine Standarte (oder wie man so etwas nennen soll, das aus einer 2 m langen Stange besteht, am Stangenende einen Agoplastkopf hat, unter dem ein gelber Lappen hängt und auf dessen Rückseite ein weißer Lappen befestigt ist, auf dem "Spiel- & Theaterwerkstatt" steht; an diesem Lappen hängen farbige Bänder). Ich rüste unseren Bauchladen *(vgl. Seite 152)* um, so daß er Prospekte aufnehmen kann. Alle wollten wir Clowns sein - nur mit roter Nase, ohne uns zu schminken. Ein großes blaues Tuch soll mitgenommen werden, eine Gitarre und ein paar Liederbücher.

Und so verlief dann unser Spiel auf dem Kirchenmarkt: Wir hatten uns auf den Samstagvormittag konzentriert. Wir waren schließlich fünf Leute, als wir uns trafen. Hinzugekommen war noch eine Frau, die schminken wollte. Zum Glück hatte ich den Schminkkasten im Wagen. Die Rollen waren grob festgelegt; Nobs und Alfred Clowns, die spielen, Micky trägt die Standarte und die Gitarre, ich habe den Bauchladen mit der Information. Standarte und Bauchladen sollen zusammenbleiben.

Zuerst stürzen sich die Clowns auf eine Reihe von
Kindern, die vor einem Podium sitzen, auf dem Musik
gemacht wird. Sie sehen die Kinder an, sie sehen sich
erstaunt an, locken die Kinder heran, ein Spiel aus
dem Augenblick. Das große Tuch (4 x 5 m) wird einbezogen. Die Kinder verschwinden darunter, rollen sich
ein, zerren daran. Leute sehen zu.
Ich trage geduldig meinen Bauchladen. Ich verteile
keine Zettel. Wer sich informieren möchte, kann von
mir einen Zettel haben, nachdem wir uns miteinander
unterhalten haben. Die Clownsnase ist eine herrliche
Möglichkeit, mit Passanten zu spielen, sie direkt an-
zusehen, ihnen mit dem Blick oder einer Bewegung zu
folgen. Diese Nase bietet Schutz, ist Zeichen dafür,
daß ich etwas darf, was andere so nicht dürfen. -
Wir ziehen weiter. Alfred spielt Gitarre, ich beglei-
te seine Akkorde mit einem "Uhmpa-Uhmpa", die anderen
stimmen ein. Zwischendurch rufe ich: "Papier, Papier,
alles Papier!" - wie ein Marktschreier. Ich fange an,
Papier zu tauschen. Meine Informationsblätter gegen
die der anderen, die auch noch Blätter verteilen. -
Vier halten das große Tuch. Es wird gleichzeitig
hochgehoben, die Luft bläht es auf, und es sinkt her-
unter. Passanten werden gebeten durchzugehen. "Wir
machen für Sie Wind und werfen Schatten!", rufe ich
und versuche aber gleich abzuschwächen, es seien
nicht die umstehenden Budenbesitzer gemeint. -
Immer wieder entwickeln sich Spiele aus der Situation.
Wir sitzen auf dem Rand eines Blumenkastens und trommeln auf den Dingen, die wir mit uns herumtragen.
Irgendwann wird das Tuch ausgebreitet. Einige von uns
sitzen darauf, andere kommen hinzu, zwei fangen an,
sich zu schminken. Plötzlich turnen Alfred und Nobs
auf dem Rand des Gerechtigkeitsbrunnens. Leute sammeln sich. Eine Kindergruppe mit Rucksäcken ist da.
Die Clowns beziehen die Kinder ein, spielen für sie,
klettern vom Brunnenrand über das schmiedeeiserne
Gitter rüber, sind bei den Kindern. Wenige Augenblik-
ke später holen sie das Tuch, alle Kinder sitzen auf
dem Tuch und singen zur Gitarre.

Ich trage jetzt die Standarte und den Bauchladen. Ich balanciere die Standarte auf einem Finger. Wir nehmen jede Spielsituation auf, posieren für die Fotoapparate der Touristen, reden mit Bekannten, geben Auskunft, vier Stunden lang, sehr glücklich, wenn auch am Rande der Erschöpfung, denn die Sonne brennt unbarmherzig.

HINWEISE

ANSCHRIFTEN

Genehmigungen (Reisegewerbe, Spielerlaubnis)

Für das gewerbsmäßige Feilbieten von Waren ist der Besitz einer Reisegewerbekarte erforderlich. Ausnahmsweise kann anstelle der Reisegewerbekarte eine "Verkaufserlaubnis" erteilt werden.
Für Schaustellungen, Musikaufführungen und unterhaltende Vorstellungen und sonstige Lustbarkeiten ist neben der Reisegewerbekarte eine "Spielerlaubnis" erforderlich, die in der Regel vom Nachweis des Abschlusses einer Haftpflichtversicherung abhängig gemacht wird.
Anträge:
Für Reisegewerbekarten schriftlich auf Formblatt, Bearbeitungsdauer 4 Wochen; für Verkaufs- oder Spielerlaubnis schriftlich oder mündlich formlos. Gebührenpflichtig.

(aus: Wir machen eine Veranstaltung, ein Wegweiser für Vereine, Betriebe, Parteien und alle anderen, die Feste, Ausstellungen, Wettbewerbe usw. machen wollen, herausgegeben vom Presse- und Informationsamt der Stadt Frankfurt)

Kontaktstelle:
Ordnungsamt
Mainzer Landstraße 323
6000 Frankfurt
Tel. 7500-2421
Sprechzeiten: montags, mittwochs, freitags, 7.30 - 13.00 Uhr

Straßenmusikanten

Westend-Buam.
Drei Leute in Frankfurt. Sie singen und spielen alte und neue demokratische Lieder und Frankfurter Lieder.

Kontaktstelle:
Frau Taesler
Kettenhofweg 123
6000 Frankfurt
Telefon 74 72 06

Musikgruppen

Der Beratungsstelle sind Gruppen bekannt, die bei Gemeindefesten und anderen Gelegenheiten gern auftreten. Honorar: nach Vereinbarung.

Kontaktstelle:
Gerlinde Fischer
Beratungsstelle für Gestaltung
Telefon 5802-247

Fachleute für Spiel- und Theater

Die Beratungsstelle steht mit einer Vielzahl von Personen in Kontakt, die Kenntnis und Erfahrungen besonders im Bereich der Spiel- und Theaterpraxis haben. Wir sind in der Lage, auf Anfrage Fachleute zu folgenden Stichworten zu vermitteln:
- Bewegung (mit Kindern, Jugendlichen, alten Menschen, Behinderten)
- Gestalten (Brettspiele selbst bauen, Werken für Feste, Märkte, Basare, Papier herstellen, Stoffe färben)
- Spiel (mit Kindern, Erwachsenen, alten Menschen, Erfahrungsspiele, Sensibilisierungs-, Rollen-, Plan-, Gruppenspiele, konkurrenzarme Spiele, Masken- und Schminkspiele, Materialspiele, Umweltspiele, Stadt- und Straßenspiele, Stoffspiele, biblische Geschichten erleben, Spielaktionen)

- Tanz (Improvisationen, Neues erfinden, rhythmische Bewegung)
- Theater (mit Kindern, für Kinder, mit Jugendlichen, mit Erwachsenen, mit alten Menschen, Erfahrungstheater, Lerntheater, Pantomime, Clown, Akrobatik, Stücke selbst entwickeln, an einem Thema arbeiten, Textspiele, Spielstücke)

Das Honorar für die jeweiligen Tätigkeiten richtet sich nach Länge und Intensität der vereinbarten Arbeitsleistung.

Kontaktstelle:
Fritz Rohrer
Beratungsstelle für Gestaltung
Telefon 5802-248

Theatergruppen

Es gibt eine Reihe von Theatergruppen, die ständig oder auch nur gelegentlich spielen. Manche haben inzwischen ein Repertoire für verschiedene Gelegenheiten und Altersgruppen. Die Honorare pro Aufführung richten sich nach dem Umfang des Stückes. Vermittlung über die Beratungsstelle.

Kontaktstelle:
Fritz Rohrer
Beratungsstelle für Gestaltung
Telefon 5802-248

LITERATUR

zum Anregen, Weiterarbeiten und Vertiefen

Ästhetik und Kommunikation "Kinderalltag", Nr. 38,
Dezember 79, Herausgeber: Ästhetik und Kommunikation
Verlags-GmbH

Kultur-Katalog
R. Günter, R. J. Rutz, 1979, VSA-Verlag Hamburg

Die neuen Spiele, Ahorn Verlag München, 1979

Spielfelder Straße
W. Simon, K. Hoffmann, F. Rohrer, Christian Kaiser
Verlag München, 1972

Theater der Unterdrückten
August Boal, Edition Suhrkamp 1979

Kinder sind kein Eigentum
Diethard Wies, Piper Verlag

Versuche 8: Straßentheaterfibel
Diethard Wies, Beratungsstelle für Gestaltung